庞贝：被埋没的城市

POMPÉI
LA CITÉ ENSEVELIE

［法］罗伯特·艾蒂安　著

秉彝　译

SPM
南方传媒　花城出版社

中国·广州

图书在版编目（CIP）数据

庞贝：被埋没的城市 /（法）罗伯特·艾蒂安著；秉彝译. -- 广州：花城出版社，2025. 4. --（纸上博物馆）. -- ISBN 978-7-5749-0466-8

Ⅰ. K885.468-49

中国国家版本馆CIP数据核字第2025WG7676号

著作权合同登记号 图字：19-2024-326 号

For Pompéi, la cité ensevelie:

First published by Editions Gallimard, Paris

©Editions Gallimard, collection Découvertes 1987

本书中文简体版专有版权由中华版权服务有限公司授权给北京创美时代国际文化传播有限公司。

出 版 人：张　懿
项目统筹：刘玮婷　林园林
责任编辑：钟毓斐
特邀编辑：吴福顺
责任校对：张　旬
技术编辑：凌春梅　张　新
封面设计：刘晓昕
版式设计：万　雪

书　　名	庞贝：被埋没的城市
	PANGBEI: BEI MAIMO DE CHENGSHI
出版发行	花城出版社
	（广州市环市东路水荫路11号）
经　　销	全国新华书店
印　　刷	天津睿和印艺科技有限公司
	（天津市武清区大碱厂镇国泰道8号）
开　　本	710毫米×1000毫米　16开
印　　张	16　1插页
字　　数	242,000字
版　　次	2025年4月第1版　2025年4月第1次印刷
定　　价	98.00元

如发现印装质量问题，请直接与印刷厂联系调换。

购书热线：020-37604658　37602954

花城出版社网站：http://www.fcph.com.cn

在诺切拉门附近，有一家人想逃离这座城市。

母亲们不惜一切想要拯救自己的孩子；一个奴隶走在他们身旁，举着屋顶上掉下来的瓦片，徒劳地想阻挡炙热的火山灰的侵袭。

灰烬无情地堆积着，逐渐漫过窗户，堵住屋门。很快，它们就会淹没房屋……

死亡来袭后，恐惧也随之消失。人类和动物，在最后的痉挛中定格，成为矿物王国的一部分。

1961 年，庞贝。

将近 2000 年过去了，考古学家马尤里刚刚发现了这一家子。

那名奴隶仍然拿着那块未能保护他的瓦片，妇女和孩子们手拉着手，躺在地上。有一个男人挣扎到了最后——他用右臂支起身体，最后一次努力站起，想帮助他的家人。

目 录
Contents

第一章
寻宝

大家很快发现，自公元 79 年 8 月 24 日的灾难发生之后，庞贝城的旧址上已经没有了人们居住生活的痕迹。曾经属于城市领土的平整地面上，满布着野草和藤蔓。农民已经忘却了它的名字，笼统地称之为"Cività"——那座城。

———

一座城市的消亡，既意味着街道、纪念建筑、住房的毁灭，也意味着它的居民的死亡。在维苏威火山的喷发中，他们在动作中定格，成为一具具雕像。

著名死亡事件：老普林尼之死

"大家打算到海岸去，看看有没有可能从海上逃生，但那时直到现在，海上一直巨浪翻腾，充满危机。我舅父只好在岸边铺开一张布，在上面休息，他不断在问有没有干净的水喝。之后，火焰和硫黄的气味卷来，他的同伴们纷纷逃跑，他醒了过来。他扶着两个年轻奴隶站了起来，但又倒下了。我猜那时浓烟已经堵住了他的喉咙，阻碍了他呼吸，因为喉咙这个器官天生就脆弱、狭窄，经常被挤压。天终于亮起来以后（那是他最后一次看见白天的三天后），他的尸体被发现了，完好无损，还盖着他离开时穿着的衣服。他的神态看起来更像是在休息，而不像一个死人。"

——小普林尼《致塔西佗》，公元 104 年

遗迹里的浪漫幻想

如果庞贝的幸存者们重新回到灾难现场，他们不可能找到这座城市的任何踪迹。它已经在公元79年8月24日的早上10点到下午1点期间，深深地埋葬在火山灰下面了。19世纪的画家们喜欢唤起人们对消失的城市的记忆，就像这幅画一样，浪漫的遗迹里分布着穿着古典服装的人们，他们正在为这片熟悉之地的灾难结局而哭泣。

在庞贝被掩埋以后，就已经有挖掘队伍试图把里面最宝贵的东西挖出来，他们在墙上留下了挖掘痕迹，这些痕迹诉说着他们的焦躁，以及想重新看见罗马和光明的渴望。不过要到 18 世纪，庞贝和赫库兰尼姆 ① 才在欧洲大热。

在国王的批准下洗劫被掩埋的城市

此后，奥地利派驻那不勒斯的总督统治了意大利南部，这些总督挖井挖洞，盗走了许多雕像，然后出口到维也纳的城堡。他们毫不关心在那些粉墙上挖出的一个个口子。只有一个人勇敢发声，反对这种洗劫行为——那就是教皇。

不幸的是，两西西里国王、西班牙的卡洛斯三世从西班牙带来了一个工程师兼测量师，罗科·焦阿基诺·德·阿尔库维雷之后，古董挖掘工作又开始了。阿尔库维雷为宫廷提供了好些雕像和价值连城的宝贝，他支持那不勒斯的修道院院长马尔托雷利的意见，在 1748 年把第一个发掘场地安排在离幸运女神庙 200 米、靠近斯塔比伊和诺拉两条街道的位置。但阿尔库维雷很快就关闭了这个场地，专注到赫库兰尼姆的工作中。直到 1751 年，这里的挖掘工作才重新开始。

9 年后，第一个铭文终于被发现，"那座城"终于恢复了它真正的名字——庞贝。

考古热潮在意大利南部掀起，学者们各怀心思

第一批到庞贝旅行的人唤起了欧洲人对种种细节的好奇。卡洛斯三

---

① 另一座因维苏威火山大喷发而被掩埋的古城。——本书注释均为译者注

沿海公路上的雷西纳村建设在凝固的泥浆流上，这些泥浆曾经摧毁了赫库兰尼姆的所有生命，现在像火山岩一样坚硬，有整整 8 米厚。上图中，阿尔库维雷的挖掘机遍布在阶梯上、斜坡上、地下廊道里、露天场地上，都在挖掘这些泥浆。

这座被掩埋的、默默无闻的城市借助一个铭文找回了它的身份，意大利艺术家皮拉内西马上在自己的雕刻作品里仿刻了它。

首先被清理出来的是从庞贝到赫库兰尼姆的路，在这条路边发现了一组坟墓，即赫库兰尼姆门墓地。正在挖掘和修复的则是伊斯塔西蒂之墓（下图）。伊斯塔西蒂之墓建在一个狭窄的露台上，四周围绕着石造栏杆。那个非常壮观的墓室，外面用排列着凹槽的圆柱装饰。这座坚固的建筑体现了庞贝城名门望族的富有。

世，那个创立了"赫库兰尼姆学院"的人，又开始青睐庞贝：在1757年挖出了尤利娅·费利克斯的别墅，不幸的是它之后又被掩埋了。

渐渐地，学者们踏上了前往那不勒斯的旅程。在这一风潮的影响下，安德烈·舍尼埃成功地把古代文化渗透进艺术和诗歌中，狄德罗则在1763年的艺术沙龙上，对维安的一幅名叫《贩卖孩子的商人》的画作深深着迷，这幅画现藏枫丹白露，它显然是基于赫库兰尼姆的一幅画创作的。

不过，挖掘庞贝的工作远远称不上典范。德国的温克尔曼，一位伟大的古代艺术专家，就曾经对当时混乱无组织的挖掘工作提出抗议。他在1768年遭人暗杀，但他依然是考古学的先驱，因为他借助书信向欧洲揭示了庞贝的秘密。

庞贝古城的挖掘工作的总负责人，卡尔·韦伯，建议系统地分区域进行清理，而不是一时兴起、混乱无序地进行。在赫库兰尼姆门附近有一个

伊西斯神庙（上图）于 1765 年被发现，神庙有铭文，记载着公元 62 年 2 月 5 日地震后重建这座建筑的人的名字。这幅水彩画是英国驻那不勒斯宫廷大使威廉·汉密尔顿所画的，他的外交生活给了他足够的闲暇来见证这项发掘工作。

客栈，原来是伊斯塔西蒂的家族墓地，以及女祭司玛米亚的陵墓。这些考古发现惹得欧洲人议论纷纷。接替卡尔·韦伯的西班牙人弗朗西斯科·拉·维加在 1764 年发现了奥迪翁剧院，然后又发现了公元 62 年地震后由波皮迪乌斯·塞尔西努斯重建的伊西斯神庙。在 1767 年，角斗士营房也被清理了出来。当然，贵重宝贝、金银首饰总是要搜寻的，一旦确认了建筑物的用途，就会停止搜索。

约翰·约阿希姆·温克尔曼（1717—1768），《古代美术史》的作者。他借助信件，在欧洲传播了他的考古趣味，但他的批评意见使他被那不勒斯宫廷所排斥，因为他指责阿尔库维雷对考古学一无所知，"就像月亮了解小龙虾那么多"，对于挖掘进展，他写道："照这样下去，我们的曾孙还有工作要做。"不过，多亏了汉密尔顿，他后来得以目睹被认为是角斗士营房的遗迹的发掘工作。

雅各布·菲利普·哈克特（1737—1807）来到了意大利，像同时代的其他画家一样开始了他"伟大的旅行"，也就是古代遗迹艺术的学习之旅。这幅描绘了圆形剧场区域的画作反映了1799年的发掘情况。在西班牙人拉·维加的推动下，1764年发现的室内剧院，即奥迪翁剧院（左前方的方形建筑），以及大剧场（右方）在1789年就清理干净。我们可以看见通往大剧院上层的半圆弧内廊。在角斗士营房（奥迪翁剧院后面），一个柱廊围绕着中心广场。在最右边的前方则矗立着伊西斯神庙。地平线上是拉塔里山，那是庞贝城富有的地主们放牧的地方。

1770 年到 1815 年，在各个国王和王后的推动下，挖掘工作加速进行。他们以家族的名义在当地留下了郑重访问的痕迹。像卡罗琳娜，即奥地利的玛丽亚·特蕾莎的女儿，嫁给了无能又轻浮的斐迪南一世。她对发掘工作很感兴趣，还带着她的兄弟约瑟夫去了那里：1771 年，迪奥梅德的别墅被清理了出来，然后在 1772 年的 12 月，在别墅地下的过道中发现了 18 具尸体。在他们之中，有一个年轻的女孩，正是她激发了泰奥菲尔·戈蒂耶的灵感，使他创作出浪漫短篇小说《阿里亚·玛塞拉》。

在城市的西边（下图左方），可以看到赫库兰尼姆门。这条三车道的城外路线（其中两条道是行人专用的）两侧排列着坟墓和商店，延伸了 200 米远。在最右边是雄伟的迪奥梅德别墅，根据原始的地籍资料确定了方向。这座郊区别墅的房间围绕着两个柱廊分布，更低的地方则是一个大花园，这显示出分散在维苏威火山斜坡上的别墅是作休闲用途的。

无论是让第一次来的
游客毛骨悚然的场景
（上页上图），还是伊
斯塔西蒂之墓周边的
浪漫漫步（右图），
庞贝都相当吸引人。

> "我在旅途中见过最奇特的地方是庞贝：置身其中，你会觉得你仿佛穿越到了古代。而且，在里面游览，如果我们习惯只相信那些已被证明的东西，就会马上比科学家更了解这座城市。我很高兴能和这个在文献中多次读到的文物面对面。"
>
> 司汤达
> 《罗马，那不勒斯，佛罗伦萨》

　　庞贝的名声传开了，歌德也在1787年参观了发掘现场，英国大使汉密尔顿则是现场极其热心的观众之一。拉·维加制订了第一个总体发掘计划，标志着发掘工作开始往更加理性的方向做出努力。尽管工作人员不多，但奥迪翁剧院和圆形剧场都在1789年被彻底清理出来。

　　1789年，法国将军尚皮奥内的军队占领了那不勒斯，并重新开始了发掘工作——发掘一座以他的名字命名的房子。1806年，约瑟夫·波拿巴委托科西嘉人克里斯托夫·萨利切蒂指导发掘工作，特别是要清理萨勒斯特的房子。

不到十年，重要建筑在热潮中重见天日

　　1808年，缪拉与拿破仑一世的妹妹卡罗琳王后成为那不勒斯王国的君主。他们都热衷于考古，为了加快清理速度，他们甚至不惜自掏腰包。

庞贝的建筑师

弗朗索瓦·马祖瓦（1783—1826），《庞贝遗址》的作者，先后师从勒杜和佩西耶，成为一名建筑师。他热衷于古代文物，读温克尔曼的书，和维旺·德农过从甚密。1808 年，受缪拉的委托，他在那不勒斯负责城市的美化工作。于是他开始勘绘坎帕尼亚的古代遗迹。从 1809 年到 1811 年，他全身心投入庞贝的工作中："我再次扎根在庞贝，在那里，尽管天气酷热难当，我也继续吸纳更多财富，我的意思是，吸纳更多素材。……我每天都很早起，到了大概 9 点，毒辣的阳光迫使我暂停工作，我回到我的小房子，整理我早上摹写的内容。中午，我的厨师庄重地给我端来了一大盘通心粉。吃完以后，一个小时的睡眠让我心情愉快、精神焕发。然后我在我的小房间里工作到 5 点，再之后在户外工作到日落。每天工作 13 ~ 14 个小时，所以我干得不错。"

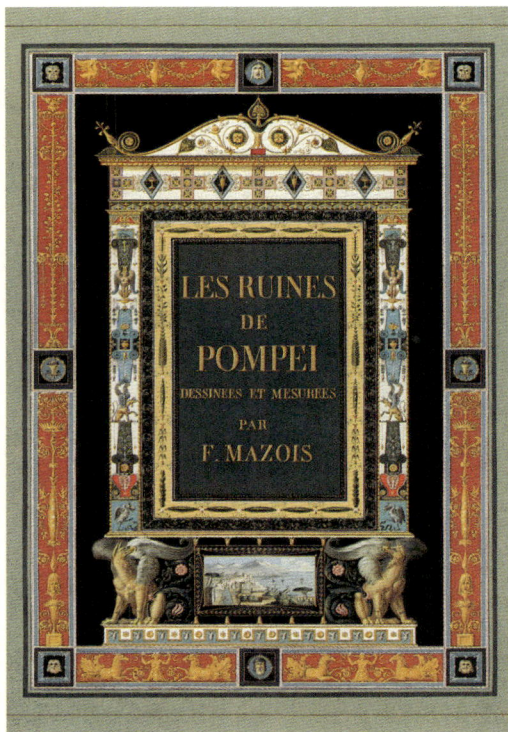

废墟之诗

1824 年到 1838 年间，马祖瓦留下的 454 幅图画被刻印并出版，其中包括了对遗迹的勘绘、工作计划以及各种物品的复制图。在第 14 页，我们可以看到庞贝房屋的中心，即中庭，它的屋顶通常由 4 根柱子支撑。透过中庭，可以看见入口的门。中庭外面，庭院的前方，有一个士兵在石凳上休息，这张石凳曾经是等待接待的客人坐的。在另一栋房子（第 16 到 17 页）里，一个池塘在花园的中心，周围是画有错视画的壁柱。

"想象一下，我在庞贝古城中，正站在一堵又狭窄又破败的墙上。突然，这堵墙摇晃了一下，倒塌了，把我也摔了下来，我一头撞到古老的大理石人行道上。我必须说，我再也找不到那么好的理由去死，也找不到这么合适的地方安葬了。"

——弗朗索瓦·马祖瓦
《致杜瓦尔小姐》

城市的边界被划定，朝着领事街的城墙也被清理出来，工作已经进展到圆形剧场和大会堂两座建筑的发掘。1815 年 4 月 11 日，就在离滑铁卢战役那么近的时候，卡罗琳来检查发掘工作。4 月 17 日，她带了杰罗姆。4 月 18 日，带了约瑟夫！拿破仑家族与第一代波旁王室实在不分上下。

随着旧王朝的回归，挖掘工作放慢了速度。拉·维加在 1815 年去世了，接替他的是安东尼奥·博努奇。他在 1818 年只带着 13 个工人就进行发掘工作！庞贝古城对那些戴着王冠的人来说是一种诱惑，即使是发掘出不久前才埋进去的硬币，他们也会与有荣焉。

1823 年，广场遗迹、剧院周边、角斗士营房的最后一部分、西边的墙、赫库兰尼姆门附近的居民区、穿过墓地的路、圆形剧场以及北面与斯塔比伊街相邻的房屋都被清理干净了。1824 年，继续奥古斯都命运神庙和广场浴场的发掘工作。

1825 年至 1830 年间，两西西里国王弗朗切斯科一世对庞贝的兴趣超过了他的父亲费迪南多一世。在他的统治下，人们搜查了面对着广场浴场北面的一个面包房和悲剧诗人的房子。1830 年，费迪南多二世即位，他对庞贝兴趣不大。尽管如此，在他治下还是发掘出了"农牧神之家"，其中有描绘伊苏斯之战中的亚历山大大帝的大型马赛克，这一发现产生了巨大的影响。1853 年至 1858 年间，斯塔比伊街的温泉浴场也被发掘出来。

1861 年，当加里波第进入那不勒斯，推翻波旁

19 世纪发掘的整体概况图：前面是大剧院和角斗士营房；中央是凯旋门，靠近卡比托利欧三神庙，因此也靠近公共集会场所。

在这幅石版画的右方，是呈"S"形的领事街，四周的区域则呈完美的网格状。

王朝后，他让大仲马负责博物馆和发掘的指导工作。对于这个小说家而言，那只是一段很短的时间……

随着埃马努埃莱二世和加富尔的到来，意大利实现了统一，庞贝的命运也随着理性挖掘时代的到来而改变

这位意大利新国王明白，合理发掘庞贝古城可以给这个王朝带来声誉。1860 年 12 月 20 日，经过对批判性思维和科学诚信的考察后，他任

1863年，庞贝城的发掘工作如火如荼。大批工人用篮子搬运着清理出来的材料（左图），而在修复现场（下页图），泥瓦匠在翻修屋顶，重新组装柱子、安装门楣。

这个时候，菲奥雷利发现了一种尸骨铸模（下图）的方法：通过骨头碎片定位一具尸体，把液体从一个小管道灌注进尸体的火山灰壳，直到填满所有空隙。因为当时的火山灰紧贴在人和动物周围凝固了，形成了和他们一致的形状，显露出衣服最细微的褶皱、肌肉最细微的颤动……

命一位年轻的钱币学家朱塞佩·菲奥雷利负责挖掘工作。菲奥雷利创立了一门科学而可控的考古学。在超过500名工人的帮助下，他对发掘过程进行了持续的记录，并制定合理的发掘计划。他还把庞贝城划分为不同的区域和街区，为每栋房子分配一个识别号码，这个系统一直沿用至今。

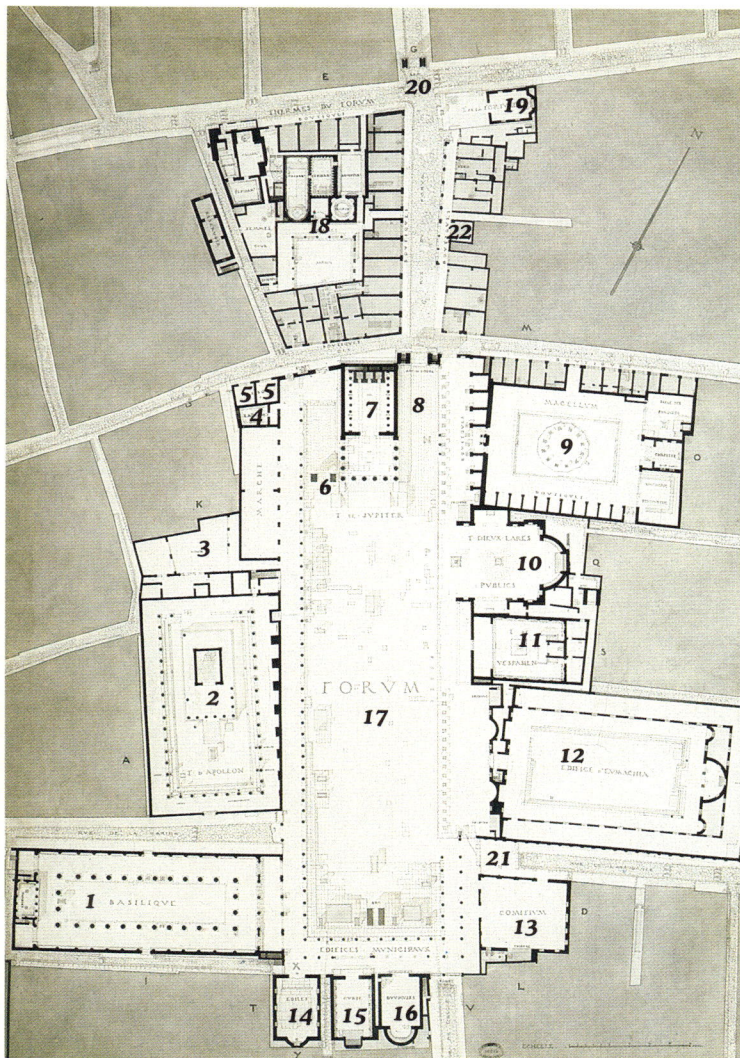

地图：

1. 大会堂
2. 阿波罗神庙
3. 仓库类型的建筑
4. 公共厕所
5. 城市宝库
6. 纪念拱门
7. 卡比托利欧三神庙
8. 提比略凯旋门

9. 市场
10. 家神庙
11. 韦伯芗皇帝神庙
12. 欧马齐娅楼
13. 会堂
14. 议员办公室
15. 元老院
16. 执政官办公室

17. 公民广场
18. 广场浴场
19. 奥古斯都命运神庙
20. 卡利古拉拱门
21. 丰足大街
22. 商店

庞贝广场
东西纵断面

横贯阿波罗神庙至欧马齐娅楼的纵断面在1910年的状况。

自19世纪初重见天日起，这个广场逐渐为人所知。它很快成为法国建筑师眼里古代建筑的典范。1910年，莱昂·若瑟利以此作为他第四年报道的主题。

TEMPLE, D
TEMPLE D'APOLLON
FORV

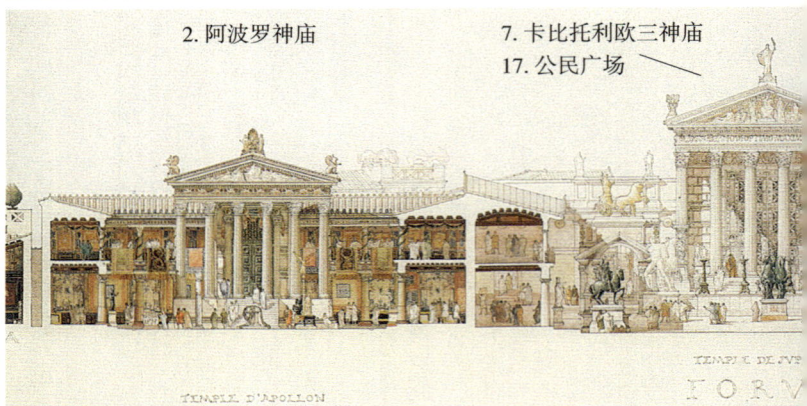

2. 阿波罗神庙   7. 卡比托利欧三神庙
17. 公民广场

TEMPLE D'APOLLON
TEMPLE DE JVP
FORV

南北纵断面

穿过朱庇特神庙（卡比托利欧三神庙）

1. 大会堂   2. 阿波罗神庙

CVRIE   BASILIQUE   TEMPLE   FORVM

建筑物的高度

沿着广场东侧的建筑立面

20. 卡利古拉拱门   22. 商店   8. 提比略凯旋门   9. 市场
19. 奥古斯都命运神庙

12. 欧马齐娅楼　　　　21. 丰足大街

7. 卡比托利欧三神庙　　　　18. 广场浴场

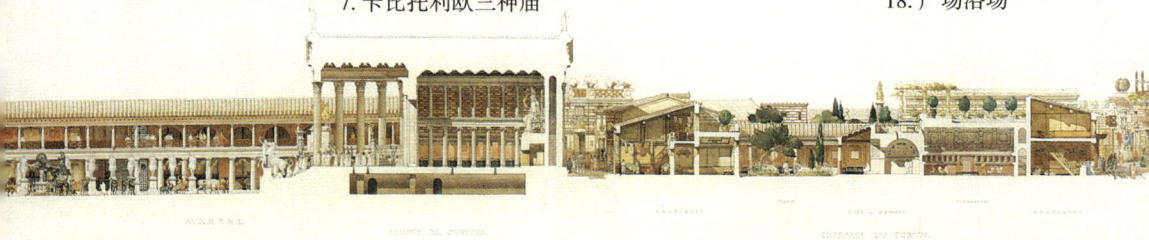

10. 家神庙　　11. 韦伯芗皇帝神庙　　12. 欧马齐娅楼　　13. 会堂　　16. 执政官办公室

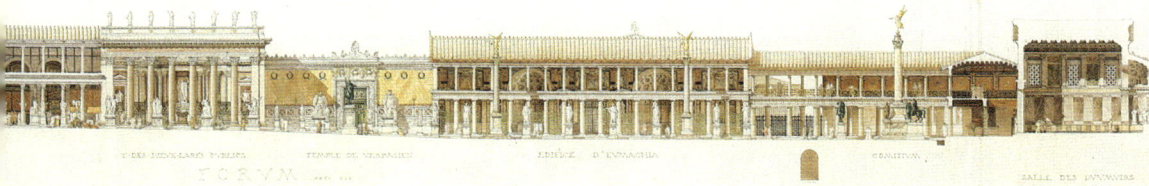

根据这些线索，菲奥雷利识别出了妓院、面包房和商人尤昆图斯之家（编号Ⅴ，1，26）。到了1875年，他负责起了博物馆的工作，把完善地形连贯性的工作交付给学生。

米凯莱·鲁杰罗使庞贝考古步入鼎盛期（1875—1893）

米凯莱·鲁杰罗，菲奥雷利曾经的合作者，试图沿着东西大道，搜寻城市的上层区域，以此把发掘工作往东边的诺拉门推进。然后他发现了公元62年地震后建造但未竣工的中央浴场，在Ⅸ区，发掘出一座建筑并命名为"百年纪念宫"（作为火山喷发18个世纪周年纪念），还发现了住宅区4、5、6、7、8区。后来，他又发掘出诺拉街和斯塔比伊街附近（Ⅴ区）的住宅群。发掘Ⅷ区的住宅区2区时，遇到了很大困难，因为房子的第一层被熔岩流所凝固。

19世纪80年代，在各个城门口都发现了墓地：有的分布在被认为是庞贝通往诺切拉的道路旁边，还有的在斯塔比伊门旁边。此外，鲁杰罗还修复了六百多幅壁画，并在原来的结构基础上加固了银婚府邸和露台屋（编号Ⅶ，12，28）两所房子。

为了避免在清理过的街道上发生房屋倒塌，他计划先从屋顶开始搜查工作，然后逐渐清理废土。1863年，他发现了一种铸模方法，能够保存

下页图：我们可以从百年纪念宫了解到庞贝住宅的平面设计图，这个住宅在1903年由美第奇别墅的居住者朱尔-莱昂·希夫洛重建，里面包括了两部分建筑：一套围绕中庭的意大利风格房子和一套围绕柱廊的希腊风格房子。可以从前厅通过一条狭窄的走廊到达中庭，中庭有一个开口，面对着屋顶往下的斜面。在很长一段时间里，房子的主中庭（和次中庭一起）作为一个用餐、工作和休息的空间。有一些地方被烟熏黑（因此得名），让人不太舒服，但很快就只剩下唯一的功能——作为天窗通风。入门前是一个大房间，两侧各有一个附属建筑，这个房间曾经是餐厅和卧室，现在只是一个接待室，面向着花园，花园的四周摆放着三张床，还有一个卧室和一个美丽的接待室。

POMPEI · MAISON · DV · CENTENAIRE · ETAT · ACTVEL
ECHELLES

ECHELLE·0.03·P·M·

POMPEI · MAISON · DV · C

RESTAVRATION
ECHELLE·0,03·P·M·

POMPEI · MAISON · DV

ENAIRE · RESTAVRATION

ENTENAIRE

受到希腊建筑风格的影响，这些建筑杰作最终变得更符合理性主义，在审美上也更专业化。尊贵奢华再也不是主流，向着门廊和花园开有大窗户的房间成为席卷整个城市的建筑革命。

庞贝人死前最后的表情，这种方法使他们日常生活的最微小细节也暴露无遗。

新的发掘工作负责人：
平面设计师朱利奥·德·彼得拉

在 1893 年到 1901 年以及 1906 年到 1910 年，朱利奥·德·彼得拉两次担任发掘工作的负责人。这是一个最艰苦的时期，他发掘出了维提之家（编号Ⅵ，15，1），这后来成为庞贝最知名的发现，还有卢克莱修·弗朗托之家（编号Ⅴ，4，11）和神秘别墅。

此后，他继续清理庞贝北部的Ⅴ区和Ⅵ区，其中包括第 10 和第 18 号城墙塔楼。

在方形的大会堂后面，我们可以辨认出一处神庙的遗迹，这座神庙供奉的是这座城市的守护女神——庞贝的维纳斯。此外，他们还对朱庇特神庙和阿波罗神庙做了一些粗浅的研究，不过最重要的是，他们注意到了周边的帕格斯·奥古斯都·费利克斯郊区和一些私人别墅，其中包括神秘别墅。

除了发掘的新发现以外，彼得拉还大胆地修复了屋顶、中庭屋顶和柱廊，同时有条不紊地重新设计了一些房屋的室内花园，使城市生活的基本要素和色彩重新焕发了生机。

1901 年到 1905 年，历史学家埃托雷·佩斯继续清理北部的Ⅴ区和Ⅵ区之间的区域，以完成对斯塔比伊街和诺拉街前面的发掘。在发掘中，人们发现了维苏威门的遗迹，还有为整个城市供应水的水塔，还清理了斯塔比伊街尽头和诺拉街上的房子，尤其是奥贝留斯·菲尔慕斯的房子（编号Ⅸ，10，1-4）。

随着考古学家更替，程序越来越系统完善

德国人，曾与冯·杜恩和雅各比一起，在多立克神庙的考古中应用了探索性调查方法，现在德普费尔德和毛也把同样的方法应用到庞贝的剧院舞台上。

1905 年到 1910 年，维苏威门和诺拉门的发掘没有重大发现，安东尼奥·索利亚诺把大部分精力都花在对银婚府邸中的科林斯式宴会厅（编号 V，2）、金色丘比特之家（编号 VI，16，7）和妓院阳台等等建筑的修复工

在朱利奥·德·彼得拉的主管下，1900 年，卢克莱修·弗朗托之家的发掘工作开始了。做法还是那样：工人们肩上扛着篮子，把泥土搬运到马车上。建筑物从里到外的灰尘都被清理了个遍，让整个建筑物（尤其是屋顶）焕然一新。人们可以欣赏重新用灰泥小心翼翼地涂抹过的柱子（下图）。

作中。对他来说，最棘手的问题是如何保护庞贝古城，他为此开发出各种各样的技术手段，这些技术也延续到了今日。

在 1910 年到 1924 年间，在维托里奥·斯皮纳佐拉的带领下，一项比以往更系统完善的计划启动了，需要强大的毅力才能实施。

首先，他提议完全放弃城市北部的清理工作，并重新开始城市南部的发掘工作。他想把城市中心和圆形剧场连接起来，沿着丰足大街延伸到东门，即萨尔诺门。这是一个深谋远虑的计划，因为它更贴合城市规划的理念，而不是沉醉于非凡发现的幻想。他试图通过主干道来突显城市的商业生活，而不是去发现更多房子……

但这个计划充满了困难和缺点。把自己局限在街道两旁的建筑物前面，这种地段的发掘工作要延伸整整 600 米长，这不仅意味着放弃发掘大有可期的住宅，还意味着放弃了解商店的确切性质。对于一栋外观独特的建筑来说，仅仅依靠绘画、选举海报或外墙涂鸦，是不足以明确了解其用途的。除此以外，在这计划中还必须保护建筑物的外立面，以免受到后方压力和水分的影响。因此，斯皮纳佐拉发现，当遇到特别感兴趣的目标时，不能局限在原来的计划中，他决定深入建

丰足大街连接了广场和萨尔诺门，也连接了圆形剧场。这张照片表达了对斯皮纳佐拉所采用方法的批评：在开辟出一条大道后，还有必要支撑一下建筑物的外墙，不然会有倒塌的危险。

上图中，阿梅代奥·马尤里热切地注视着《贝壳中的维纳斯》，这幅华丽的壁画点缀了尤利娅·费利克斯家的一面墙壁。尤利娅·费利克斯的家在 1952 年到 1953 年间被第二次清理。

筑物后的小巷。因此，前 400 米的挖掘是不连续的，就像一条扩张或收缩的河流。即使在今天，我们也无法纠正这种不连续性。

不过，对于发掘者而言，专注于一条街道的发掘是很有意思的，这种趣味来自整体性的修复工作：修复壁画、墙上告示、商店家具。所有事物共同构建并展现出一个让人意想不到的庞贝，这激起了这些能够优先"参观"的人们的热情。

斯皮纳佐拉发现了斯戴法奴斯洗衣店（编号 I，6，7），这是一个在私人住宅中建设了经营设施的例子，还发现了阿塞莉娜购物市场（编号Ⅸ，11，2）。他选择搜寻他认为最富裕的房子：普罗居吕斯邸（编号Ⅰ，7，1）、克里普托波尔蒂克之家（编号Ⅰ，6，2）、塞伊邸（编号Ⅰ，6，15）、瓦伦斯邸（编号Ⅲ，2，1）、赛里阿利斯邸（编号Ⅲ，4，4）、有大花园的洛瑞阿斯·蒂伯庭那斯之家（编号Ⅱ，2，2），也清理了道德家之家（编号Ⅴ，1，18）。他的名字将永远和丰足大街的发掘联系在一起。

接下来，阿梅代奥·马尤里（1924—1961）的管理使庞贝古城的发掘工作有了新的开始，开启了一个新的维度。他最大的贡献是通过扩大、完善发掘工作，提炼出这座城市的历史。因为他，我们走进了科学考古的时代，只有科学考古可以保存庞贝的奇迹。他的继任者弗兰奇希斯、泽维和伊雷利·切鲁利女士都延续了他的工作方法。

庞贝的奇迹

庞贝，一座由普通人聚集而成的中等城市，如果不是发生了一场突如其来的灾难，把它从活人的世界上抹去，把那些几个世纪前的信息冻结到如今，让我们得以解读庞贝人久远的呼唤，那么庞贝的辉煌会显得不起眼，注定在历史中沉寂。是古代在对我们说话，用数以千计的生活细节打动我们，而这生活还在我们身边继续：工人们在粉刷着神秘别墅的地道，为了招呼伊西斯的祭司们，摆好了桌子……

庞贝触动我们，感动我们，让我们着迷，因为我们在这里找到了与我们如此接近，如此鲜活的男男女女的职业、感情、梦想或幻想，这也许就是庞贝的奇迹，它超越了死亡，在人们的悲伤或欢乐中，在小城市的担忧或希望中，活了过来。庞贝不仅是专家的研究领域，而且是人类的共同财富。

第二章
在庞贝居住

通过发掘工作重见天日的这座城市，有着悠久的历史。它是如何从公元前 10 世纪的一个由渔民、农民聚合起来的小社区，发展成公元 79 年 8 月 24 日被灰烬掩埋的那个拥有两万居民的繁华都市的？

————

在公元 79 年火山喷发之前，即公元 62 年 2 月 5 日，一场地震摧毁了凯旋门、朱庇特神庙和它的柱子。维苏威门也从萨姆尼特墙上整个剥落。

奥斯坎人、希腊人、伊特拉斯坎人、萨姆尼特人、罗马人：不同居住者的传奇

最初，这个村庄里居住的是奥斯坎人，一个意大利部落，他们定居在史前熔岩流凝固而成的陡坡上，很可能是现在Ⅶ区和Ⅷ区的中心区域。这些区域的中心分布着不规则的街道，很好地表明了尽管有不同的势力占领过这个城市，原始的定居点一直存在。

公元前6世纪，希腊人在这里定居，一条重要的海上航线经过这片区域，他们正好可以对这种优越定位加以利用。他们在俯瞰萨尔诺山谷和大海的高处建造了一座多立克神庙，并引入了崇拜阿波罗的信仰。不过，这只是他们控制对外出口的一个基地，不是永久性设施。

公元前524到前474年，伊特拉斯坎人占领了这座城市，但没有留下任何明确的城市化痕迹。在接下来的这个时期，公元前474到前424年，庞贝再次受到希腊的巨大影响。神庙被修复了，围绕着城市筑起了城墙，随着Ⅵ区的建立，城市也逐渐得到发展。Ⅵ区基于比雷埃夫斯的建筑体系进行设计，采用了米利都的希波达莫斯的布局规划：完美的几何原则、南北朝向、大幅增加的入口和交通道路。

这个以蜿蜒小路为脐带的奥斯坎-希腊城市，在公元前424年被来自阿布鲁佐和卡拉布里亚的山民萨姆尼特人残忍地征服，他们扫荡了被希腊"殖民者"占领的海岸。在平原上，这些萨姆尼特人

奥斯坎字母有的表意，有的表音。在罗马殖民地建立之前，所有庞贝人都说奥斯坎语，这种语言此后延续了很长一段时间。

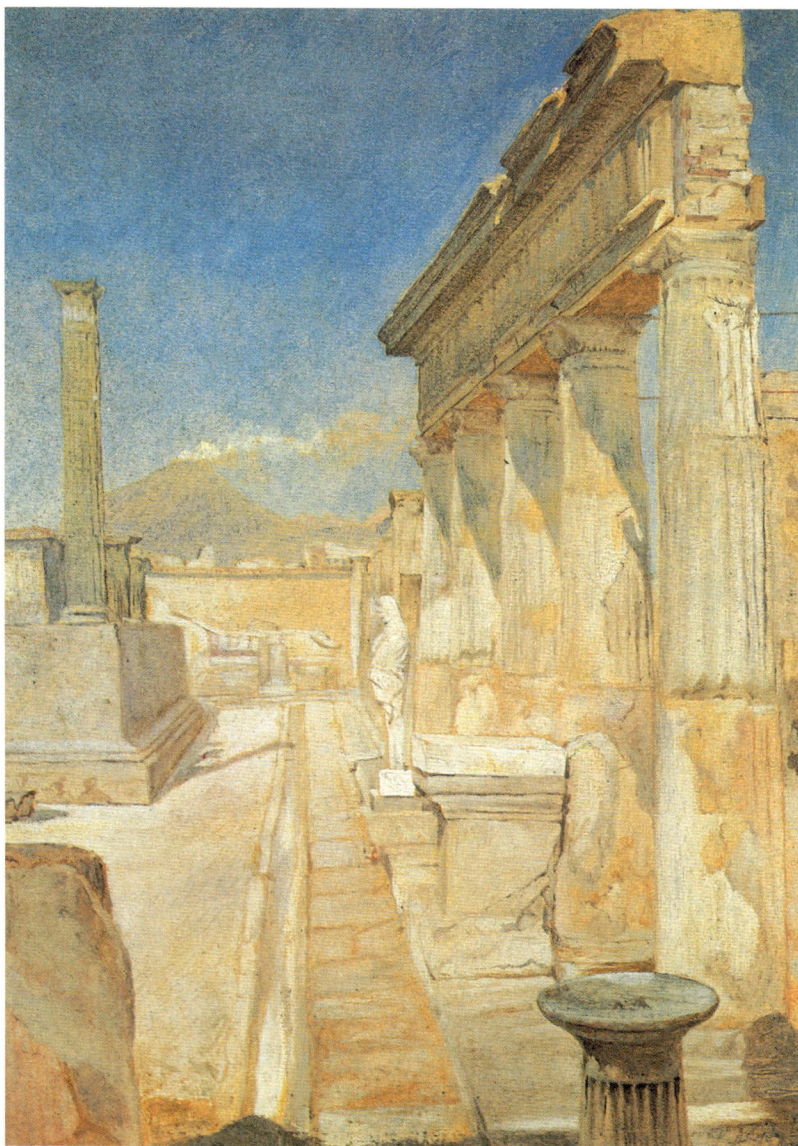

庞贝古城保留了一些受希腊统治的痕迹。在古代（公元前 7 世纪）受海洋帝国库迈影响而建立的阿波罗崇拜，在伊特拉斯坎人占领时期（公元前 524 到前 474 年）也保存了下来，并被奥斯坎人、坎帕尼亚人吸收了，当然，也被罗马人吸收了。阿波罗神庙建在高地上，决定着城市规划的主线。这一点在罗马重建时就可以看出来。上图的左方是神庙的讲坛，安放着神像。右边是院子里的柱廊，是凝灰岩涂上灰泥制成。在第五根柱子的位置，有一个基座，放着墨丘利的大理石雕像。

卡波门

墓地

维苏威门

区域 V

赫库兰尼姆门
墓地

卢克莱修·弗朗托之家

大祭坛

9   11

墨勒阿革洛斯之家   15   16   金色丘比特之家

1   2
5   半人马之家   道德家   银婚府邸   3
外科医生   区域 VI   维提之家   之家
之家   迷宫之家

亚马逊女战士   7   尤昆图斯之家   2   诺拉街
之家   13   14   斯塔比伊街   1   8

萨吕斯特   10   12   中央浴场   5   百年
之家   潘沙   8   船锚之家   4   纪念宫
之家   农牧神之家   财富街
3   3   卢克莱修之家   面包店
悲剧诗人之家   3
6   浴场街   奥古斯都命运神庙   普罗居吕斯   斯塔比伊街
4   广场浴场   面包店
奥   古   斯   都   街   西狄乌斯   韦雷昆杜斯
6   5   旅店   1   之家
街   区域 VII   12   1   卡斯卡·朗格斯
卡比托利欧三   市场   台   街   之家   1
丰   神庙   阳   斯塔比伊   齐特尔琴手   4
收   家神庙   9   10   11   浴场   之家
街   7   韦伯芗皇帝神庙   骷髅之家 14   科尼利厄斯·鲁弗斯
15   阿波罗神庙   13   之家
欧马齐娅楼   丰   足   大   街   霍尔考尼之家
公民广场   伊西斯神庙   宙斯神庙
8   5   6   伊西斯神庙
海洋大门   海洋街   大会堂   区域 VIII   体育场   大剧院
维纳斯神庙   奥迪翁剧
博物馆   1   2   3   女王街   三角形广场   角斗士营房
多立克神庙

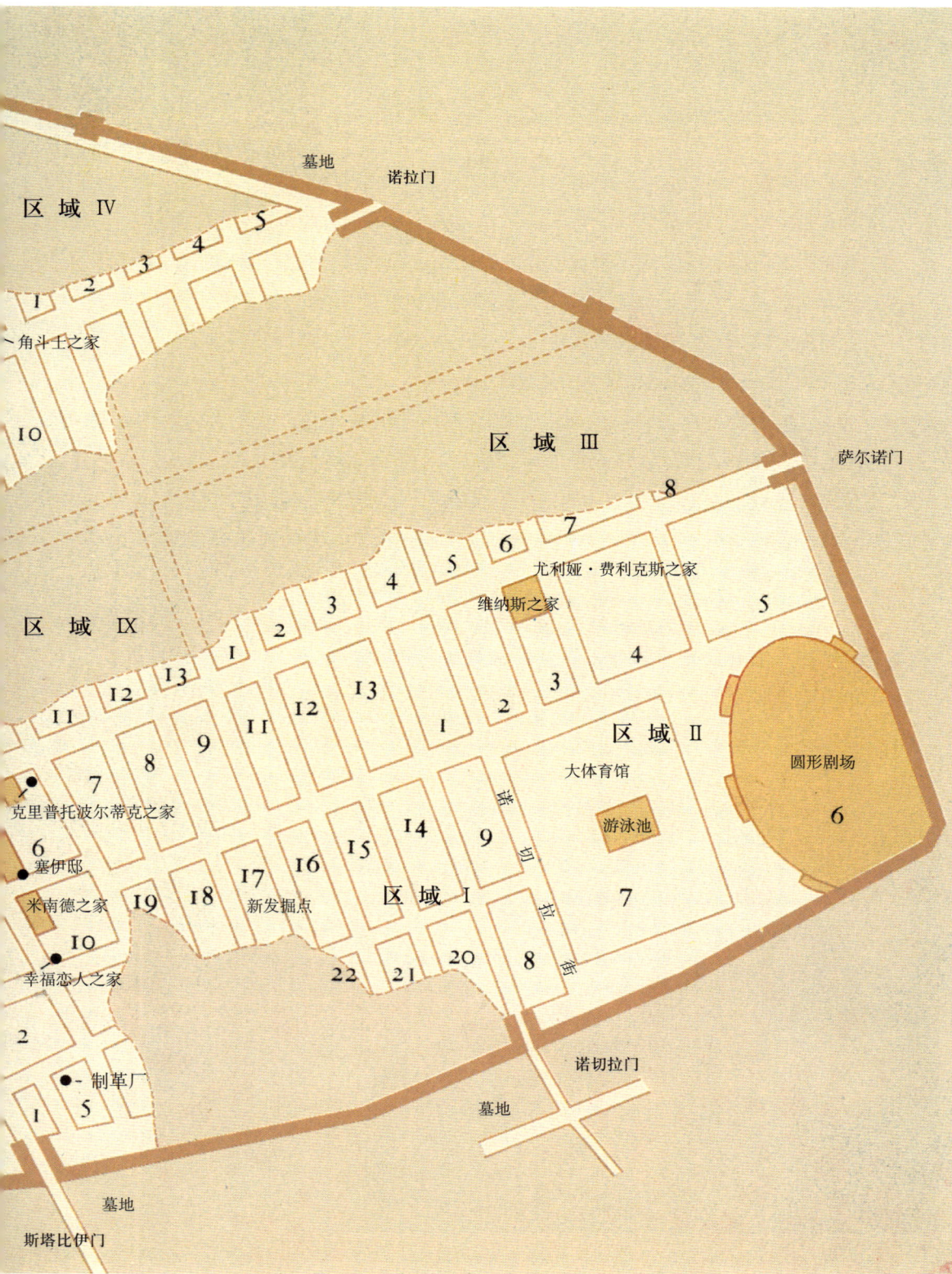

区域 IV

墓地　　诺拉门

5

3　4

1　2

角斗士之家

10

区域 III

8

7

萨尔诺门

6

尤利娅·费利克斯之家

5

维纳斯之家

区域 IX

4

3

5

2

1

4

12　13

3

13

11

12

2

5

11

1

区域 II

9

8

大体育馆

圆形剧场

7

克里普托波尔蒂克之家

游泳池

6

6

塞伊邸

14

9

7

米南德之家

15

16

区域 I

19

18

17

新发掘点

诺

幸福恋人之家

切

10

拉

衔

22　21

20

8

制革厂

2

诺切拉门

1

5

墓地

墓地

斯塔比伊门

取了一个叫"坎帕尼亚"的名字，于是庞贝人变成了坎帕尼亚人，又开始说奥斯坎语，一种最早和最新的居住者共同使用的语言。罗马对山区的萨姆尼特人进行了残酷的军事打击，但他们和坎帕尼亚人缔结了联盟，并忠实地遵守它。事实上，无论是公元前280年伊庇鲁斯国王皮洛士的到来，还是公元前216年汉尼拔的入侵（所有其他坎帕尼亚城市都站在汉尼拔那边），都没有动摇庞贝对罗马的效忠。

庞贝不得不保卫自己的生存，既要抵挡邻国的入侵，又要应付罗马的欲望。在公元前424年到前89年间，重重防御工事在城市周围架设了起来：黑色凝灰岩的双层幕墙，一个大路堤，横跨护墙的矩形塔楼延伸到两个幕墙之外，与围墙连成一体。城门都很狭窄，两侧以带有堤防的堡垒为护翼。

这道防御工事从北向南叠加在旧城墙上，表明了城市没有向这个方向扩张。而在东西轴线上，则按照希腊城市的模式得到了明显的发展。我们今天所知的3014米的城市周长是萨姆尼特人划定的。这道严格的防御工事划定了城市的领土，现在又以疆域线为界，在领土外出现了墓地。

这里可以看见，在赫库兰尼姆门和维苏威门之间有三座塔楼，这一座是十号塔楼。这些塔楼显示出萨姆尼特人的防御工事。

萨姆尼特人还设计了城市的主干道：三角形广场及其整个纪念性建筑群都通过现在伊西斯神庙和大剧院的街道与公民广场相连，而庞贝大道（今天的斯塔比伊街）则由碑文标出，从北向南穿过城市，经过一座桥穿过萨尔诺河后到达斯塔比伊。

　　公元前90年3月，萨姆尼特人通过城市起义反对罗马掠夺公共土地。这一次，庞贝加入了起义军。那场由苏拉对"盟友"发动的战争是艰苦而漫长的：庞贝被包围，标有苏拉名字的大石球轰击着它的城墙，在凝灰岩上留下了不可磨灭的印记……

　　公元前90年夏到公元前89年秋，这座城市沦陷了，带来了罗马统治庞贝的和平年代。一直到公元79年8月的那一天……

纪念性建筑区、住宅区

　　在城市规划方面，罗马没有带来任何变革：罗马人生活定居在萨姆尼特人统治时期就已经定型的街区。即使经历了后期的重建或恢复阶

路面是由石灰岩或粗面岩制成的多边形石块铺设的，并被灌上了浆让它更牢固。行人因此可以很轻松地四处走动，如果下过雨，他们可以走在垫脚石上，脚也不会湿，在垫脚石之间只留一条给车轮走的通道（右图）。

段（特别是在公元 62 年 2 月 5 日地震之后），这些街区仍然保留了它们作为纪念性建筑区或住宅区的特征。

作为宗教、政治和商业中心的公民广场是罗马殖民地的心脏。那里有卡比托利欧三神庙、家神庙、韦伯芗皇帝神庙。政治活动主要发生在会堂、元老院和执政官办公室。最后是市场、欧马齐娅

墨丘利街从十一号塔楼延伸到广场，穿过 VI 区。在下图的远处，你可以看到所谓的卡利古拉拱门。而在近处则是墨勒阿革洛斯之家和半人马之家。

楼和度量衡室。公民广场是一个步行空间，竖起的石块禁止车辆从丰足大街驶入。

从前的三角形广场现在是剧院区的一部分，充当剧院的长廊和前厅。角斗士营房则是大剧院的延伸部分。附近还有萨姆尼特人的体育场、伊西斯神庙和宙斯神庙，这些建筑丰富了这个区域的体育和宗教活动。圆形剧场位于东南方，包括实际的圆形剧场和一个大型体育场。这是城市中最大的开放区域，在梧桐树的树荫下，可以容纳大量观众，还会有街头小贩为他们提供各种饮料和甜食。

几乎所有其他区域都是住宅区。这种单一的建筑群一直延续，直到罗马统治时期，这里兴建起了浴场。浴场是庞贝人日常生活中至关重要的一部分。

最古老的浴场，斯塔比伊浴场，可以追溯到萨姆尼特人统治时期；广场浴场则可追溯到罗马殖民地的建立；中央浴场在火山爆发时仍在建设中。它们位于奥斯坎老城区的主干道附近，在那里，妓院的黑暗笼罩着蜿蜒的街道，庇护着妓女们。

长方形会堂在广场西南部，有三个大殿，司法在中央大殿尽头的法院执行。法院平台由六根柱子装饰，上面也支着一排较小的有三角墙装饰的柱廊。

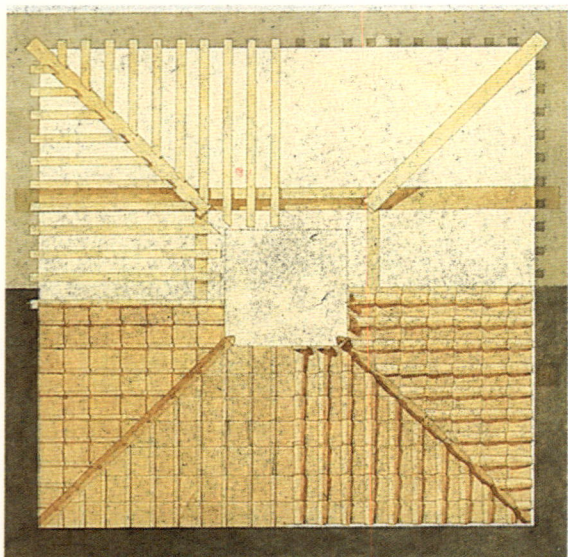

房子：
高超的建筑水平

左图中，建筑师马祖瓦重现了托斯卡纳中庭的屋顶细节和立面图：地面上的方形蓄水池对应着屋顶四个斜坡中央的开口。桁架、梁和椽之间的配合、边缘着色的平面砖和嵌套瓦片的排布都丰富而精美。在夏天，庞贝人会像现在一样露天用餐，把床拉到柱廊下、花园里。为了避免搬运沉重的家具，人们在花园里也摆放了石制桌子，围绕着石制桌子则摆放着石制躺椅。附近有一个用来献祭的小祭坛。下页上边的剖面图显示了一个特别简单的躺椅结构，没有用来遮阴的凉棚或带来凉气的喷泉。

装饰：自由的绘画

庞贝人借助绘画，把自己的家变成一个充满想象力的展览馆。这些装饰帮助我们深入了解他们的精神世界，品味他们的文化。今天，庞贝的绘画对我们而言不再神秘：他们把颜料与石灰、皂液、蜡混合在一起进行绘画，用铁铲、大理石或玻璃制的圆柱、抛光石等工具进行抛光，用干净的布擦亮。维提之家的一间餐厅里装饰着两幅神话题材的画作：在上页图的左边，代达罗斯将他的作品——一件木制的牛雕像——献给帕西法厄（在左图中看不见）；右边是伊克西翁被绑在赫菲斯托斯打造的轮子上受折磨。本页下图展示了米南德之家的银器，以及与之相称的美好品位。

花园：被驯服的自然

花园日渐增加的重要性反映了罗马人对自然的品位，也启发了他们的灵魂需求。花园给他们的生活带来绿意和清新，也蕴藏着梦想：一些庞贝人相信他们借助建设豪华花园，可以和希腊王公相提并论。梧桐树、柏树、常春藤、月桂树、夹竹桃这些植物营造出一个大公园般的环境，而床和栏杆则强调了想把花园融入建筑中的渴望。这幅壁画（上图）继承了对绿色植物的需求和对优雅花园的品位。上下两图都用纵横交错的木条在平面上制造出了纵深感，上方横幅中矩形和半圆结合的室外座椅则和谐地整合了这些纵横线条。每隔一段距离，就有喷泉盆、陶瓶、栖息在木制藤架上或在地上徘徊的鸟儿作为点缀。

也有一些街道比其他街道更商业化，会有酒吧、旅馆，间杂着精品店。而且，让人惊讶的是，在城市的中心、Ⅰ区的位置，仍然有一个半农村地区。在那些农村花园里，有更多户外躺椅，甚至还有葡萄园，在那里你可以买到葡萄酒……庞贝这个繁荣的城市，有着一种乡村风味，为美食家所欣赏。

公元前80年，苏拉为庞贝设立了独立机构，管理城市的内部事务，把它变成了一个小罗马

庞贝名人的大房子必不可少的就是大花园，比如农牧神之家，那里的灌木丛与圣池、木屋和谐地融合在一起。

最高权力属于两个"宣布法律"的执政官，他们负责清点和修订选民名册，还要编制市议员名

册。在他们以外，有两个市议员负责城市的琐碎事务和物质利益：道路交通、市场、治安。

广场上，这些部门都有自己的办公楼和档案馆。广场上的会堂是由百名市政委员组成的市政委员会的所在地，这是一个立法机构，其法令对于施行行政权力是必不可少的，行政权力则由负责城市政治的执政官体现。

"投票给代表福斯库斯和瓦库拉的议员候选人维提乌斯·费尔姆"

每年7月，庞贝人投票选出这些地方长官。春天一到，这座城市就已经沸腾了。一面面墙上涂满了红色或黑色的选举海报，候选人房子的墙上没有多余空间之后，还会有公民通过个人承诺，提供自己房子的墙壁供人涂写，以表示对这位候选人的支持。这里的居民们还会请广告公

邻居们会用红字把候选人的名字写在选举自己的房子上，以示支持：在这里，卢克莱修·弗朗托和凯厄斯·尤利乌斯·波里比阿（Caius Julius Polybius，缩写为 C.J.P.）被认为能胜任公民社区的工作，因此被选为执政官。

司来涂写墙壁，偶尔还要擦去一些上一年的宣传海报，这项工作经常在晚上进行……

和今天的习惯不同，他们不是由候选人拉票，而是由人们来指定最有资格担任职位的人。没有夸夸其谈的信念宣言，没有辉煌过去的讲述，

也没有支持市政建设、减税和道路改善计划的承诺。唯一重要的是候选人的个人品格。

有一位名人，尤利乌斯·波里比阿，曾经因为看到附近酒吧的女侍库库拉和兹米丽娜宣称支持他而勃然大怒，并把那些标语擦掉了。因为这些标语

出自地位如此低下的人，可能会玷污他的声誉……事实上，虽然女性不能成为选民，没有资格参加选举，但她们通过影响邻里、顾客、同行或教友，间接参与了选举竞争，这反映了人际的纽带对选举的影响。

庞贝在市政管理方面可以自主决策，但是其他方面都必须服从帝国的决定

这些地方官员当选后，不会想去玩弄"大权"，也不会质疑罗马皇帝和他的大臣们在罗马制定的目标。他们的视野仅限于城市事务的管理，而公元 62 年地震后最紧迫的要务是重建工作。

每逢皇帝即位、皇后册封，这座城市都会表达它的忠诚，每年，都会由祭司在圣殿主持庆祝活动，在那里，美德与皇帝都会得到赞美和崇拜。

一般而言，罗马很少干预庞贝的内部事务，除非公共秩序受到破坏。在公元 59 年，庞贝人和诺切拉人在圆形剧场上发生了冲突，当时的两个执政

提图斯从公元 79 年到 81 年在位，灾难发生的时候，犹太人圈子里传言说：维苏威火山在他统治的第一年爆发，是神对耶路撒冷圣殿破坏者的报复。

官——格罗斯菲兄弟，被"辞退"了。尼禄皇帝任命了两位继任人，还任命了一位长官监视他们，他甚至暂停了角斗比赛，不久之后才在普遍的呼声中重新举办，以这种方式展现了自己无所不能。

帝国的另一次干预是，韦伯芗皇帝派遣苏迪厄斯·克莱门斯去恢复土地登记的一些秩序，并将被非法所有者篡夺的土地归还城市。庞贝人没有把这些干预理解成对他们城市自治的不支持，相反，他们通过这位"最神圣的"法官，向皇帝表示敬意。

由马库斯·图利乌斯在公元前1世纪的最后几年建造的奥古斯都命运神庙位于广场以北的广场街上。这座神庙是仿照卡比托利欧三神庙中的朱庇特神庙建造的，祭坛两侧各有两个楼梯，通往讲坛脚下的平台。八根科林斯式柱头的柱子支撑着前厅的门廊，其中有四根在正面。奥古斯都[①]的雕像矗立在圣殿后方的基座上，提醒信徒们是皇帝给他们带来了幸福和好运。

① 指第一位罗马皇帝盖乌斯·屋大维·奥古斯都。

第三章
在庞贝谋生

在庞贝，你如何维持生计？日子过得艰难还是轻松？这个坎帕尼亚城市给我们留下什么印象？这个城市住了一群游手好闲的人，还是一群退休后把一生积蓄挥霍在这里，尽情享受着宜人气候和美景的人？或者住的是一群勤恳的劳动者，他们自公元62年地震以来，无论贫富都不得不面对举目皆是的工地和突如其来的逆境？

————

那时已经不是在家自己做面包的时代了，庞贝人每天都在面包师那里购买面包，这是小贸易发展的标志。商业之神墨丘利的画像随处可见。

这个蓝色双耳瓶是在一座坟墓中发现的，瓶内盛着酒，瓶身装饰着田园畅饮的图案，以优美的阿拉伯藤蔓间隔开。酒，对于庞贝人而言，也是一种不朽的饮料。

"我的收入就是我的快乐。"这句格言刻在一间简朴房屋的门框边缘上，这间房子属于一名木工。在其他地方，例如一间更富裕的房子的前厅尽头，也有一句赞颂收入的马赛克铭文："向收入致敬。"这是两位名人西里库斯和努美里阿努斯的宅邸。墨丘利，商业之神，更是无处不在，在旅馆的柜台上，在洗衣店里，甚至在酒馆的门上。

有产阶级的土地收入

坎帕尼亚一直是农业天堂。维苏威火山的山坡上满是庄园，在一排排的葡萄藤和橄榄树之间，生长着谷物、蔬菜和饲料。斯佩耳特小麦、各种硬质小麦，每年能有两次收成，丰裕的粮食收成孕育了许多葡萄酒庄园，神秘别墅就是其中一例：里面的压榨机、酒窖里盛着葡萄酒和油的坛子，都是这种生产技术的体现。

畜牧业也很兴旺。广场上某一座建筑的所有者，富有的欧马齐娅，嫁给了拥有牧场和大批羊群的努米斯特里乌斯。在他别墅的围栏里养着猪和羊，由狗看守着。

这个城市本身需要郊区的园艺市集来为它提供资源，其中庞贝出产的洋葱、香草和蜂蜜一直享有盛名，这些产品都可以用来调制葡萄酒。

土地的收入集中在少数显贵手中，他们往往既有经济地位，又有政治权力。

这个分成了8份的圆面包是在烤炉里找到的，这个传统仍在坎帕尼亚延续。

面包、鱼露，两大食品工业

这些农业地产的大股东有时也是生产基本食品的实业家，和小小的手工业者一起并肩工作。面包工厂是通过灰黑色的磨盘被认出来的，生产

在面包工厂的院子里，放着准备工作的磨。在图片近处，有一个漏斗状的谷物容器，可以转动，由奴隶或家畜拉动，底部就是烤炉。

的时候由奴隶用木臂或驱使驴或马来操作。面包师把面粉揉成面团，然后用一个结构精良的烤炉烤面包，而糕点师则有更小的房间来存放他们的糕点模具。这些面包店的老板往往是中产阶级的手工业者，而不是大地主。

鱼露的生产，因为要有较大的投入，所以显然是有钱人家的特权。斯考卢斯就是有钱人之一，他是克劳狄乌斯皇帝统治时的执政官，他生产批发鱼露，供应给零售商店。塞涅卡很不喜欢这种酱汁，觉得很难闻，就像用鱼干加上盐制作的越南鱼露，会散发出一股强烈的气味。鱼露的等级取决于用什么鱼制作：用金枪鱼、鲭鱼或海鳗制作的较高级，供富人享用，而凤尾鱼制成的则是给穷人和奴隶用的。

纺织工、浆洗工、染工

豪门大族掌控的畜牧业带动了羊毛工业的繁荣，养活了一大群手工业者。

羊毛经过洗涤、脱脂和梳理后，就会被交给纺织工，他们把染成紫色和藏红花色的鲜艳羊毛线排布在一台立式或卧式的织机上进行纺织。然后由浆洗工踩踏这些织物，这是处理过程中至关重要的一步。

在韦雷昆杜斯的染坊，织物浸泡在彩色托盘里，其中一名工人展开织物判断染色成果。

织物经过捶打、漂洗和干燥，再经过梳理和防硫处理后，就可以出售了。其他车间负责通过改变颜色来翻新旧织物。韦雷昆杜斯是庞贝工业资产阶级的杰出成员，一个大浆洗厂的老板。

资本的集中

公元 62 年地震后，当务之急是重建这座城市，重建需要大量的砖瓦，也需要大量的钱来生产砖瓦。为了把城市从灾难中恢复过来，资金流动是必需的，这种需求突然为葡萄酒和鱼露的生

为了解开布料上缠结的毛，左边的工人用一种带有蓟、荆棘和刺的工具进行梳理。右边那个钟形的柳条笼是用来支撑准备用硫漂白的布料的，右边这名工人手里拿着的是装有点燃硫黄的炉子。

产注入了活力。出口葡萄酒和鱼露，又需要更多的双耳罐，再加上葡萄酒和鱼露的生产者也是陶瓷厂和瓦罐窑的所有者。结果，资本变得越来越集中了。

贸易如火如荼。庞贝的地主们出口他们的农产品，而海外的商品也抵达了萨尔诺河。因为靠近港口，庞贝就像一个仓库，货物在这里进出。船主的家中会装饰有代表船的符号，例如船锚，这些符号要么是涂鸦，要么是马赛克画。早在公元前1世纪，庞贝的葡萄酒就出口到了高卢，庞贝的瓷器还能在达尔马提亚找到！庞贝的商人称得上是整个地中海盆地的侨民，他们编织出一个涵盖了东欧、埃及、非洲甚至亚洲的紧密关系网，他们的商队远及叙利亚和巴勒斯坦的港口，也曾穿过红海和尼科二世运河，抵达埃及的亚历山大港。

在庞贝最著名的银行家尤昆图斯的宅邸中庭，我们发现了他的青铜肖像。这张写实风格的脸孔显现出乡下人的粗犷，而他淘气的眼神则透露出商人的机智。

庞贝的银行家

为了更好地了解庞贝富人的财富规模，我们有必要研究一下在一些房子里发现的账目。1875年7月3日和7月5日，在斯塔比伊街以东，银行家尤昆图斯家中，发现了一百五十多个记事本。它们最初被一层薄薄的蜡膜覆盖

着，因此被称为"蜡版书"，上面还留有笔尖划过的痕迹，让我们得以破译里面的内容。我们发现，这些都是公元52年到62年间的收据，由尤昆图斯自己或秘书记下的，有时也会由刚刚收到钱的人做记录。

作为一位投资银行家，尤昆图斯平时会向交易商预付资金，并根据预付金额收取经纪费，成交金额从342至38079塞斯特斯①不等，平均每笔交易8502塞斯特斯，这个数额已经超出了合理范围。

这位银行家本人也是一个农民，也要缴纳殖民地的四种税，他只是富裕家庭的代表，远不属于城市真正的寡头政治的一部分。

为了记账，银行家有一个坚硬的木架子，上面覆盖着一层蜡膜，还有一块同样尺寸的双折板，上面记录着银行交易；在图中央是一个圆柱形盒子，里面放着纸莎草卷轴。

---

① 古代罗马的货币名。

维提家族的丘比特象征着庞贝的贸易活动。在左边，药剂师丘比特在摇晃着玻璃瓶里的制剂，药柜里放着很多危险品。右上方的金匠丘比特正忙着打造一件首饰，罗马秤和分析天平说明了称量贵金属的精度。右下方的铁匠丘比特正把一把钳子放在熔炉的烈火上，并用一种吹管往里面吹气。在他右方，另一个丘比特正为一个圆形的大金盘做最后的修饰。

这个带着链子的银质钱盒是在富有的米南德之家中发现的，钱盒里面装着金币和银币。

通过在灰烬雨来临前逃离的人带走的现金，估算庞贝居民的财富

从逻辑上讲，这些带走的财产金额理应与城市居民的正常流动资产相对应，大约在 3000 到 10000 塞斯特斯之间波动。较大的资产有 26 笔：最大的是 9448 塞斯特斯，其中有 6 笔超过了 4000 塞斯特斯，其他的在 1000 到 4000 塞斯特斯之间。这些人都是富有的公民。

其他的 60 多笔资金，平均数额是 200 塞斯特斯。无论发现的是大数额还是小零钱——穷人身上只带了一点够他们吃饭的钱，都能用来衡量他们的财产规模。

工人：体力劳动者、雇员和店主

首先是酿酒师，他们的资本只有自己的双手。他们是奴隶或自由劳动者，在地里干

下页图中，一名工人正挥动着木槌击打凿子，以凿出凹槽。木匠作为个体劳动者或雇工，在任何建筑物的建设工作中都起到主导作用。

活。他们种葡萄，收割葡萄，割晒干草，照料果园，种蔬菜。

其他工人要么受雇于面包厂，要么在制鱼露或浆洗织物的大桶旁挥汗如雨，要么在臭气熏天的制革厂工作。

还有整个工业劳动生产线，生产各种青铜制品，从保险箱到镜子或火盆，为建筑师、测量师或外科医生提供高精度金属工具，还提供能满足最苛刻客户的珠宝。

在市场上，在人行道上，在圆形剧场附近广场的梧桐树下，商人、店主、鞋商、布料商、陶瓷小贩、骡夫、搬运工，他们的世界熙熙攘攘。还有宣传人员、医生、画家、音乐家和校长。他们代表了现在所谓的第三产业。

那失业者呢？真正失业的人很少：割晒干草，不断的收割……总有一些工作可以做，至少是季节性的工作。每一艘船的到来都会调动起劳动力，最重要的是，自从地震发生后，重建工作确保了充分的就业机会。

外科医生手术器械的高度多样化（有针、窥镜、手术刀、镊子、剪刀等）正说明了公元1世纪医学的发展，和下图中的火炉一样，都证明了庞贝冶金的精细化。

庞贝的奇迹：一个社会和平的城市

每个古代地中海沿岸城市都会有乞丐，他们靠社会慈善生活。在庞贝，盲人和残疾人不会饿死，总会有一个硬币、一块面包、一盘炖菜来保证他们的基本生活。

在这个居住人口估计有两万的城市中，有

8000名奴隶和12000名自由民，后者包括了4200名成年人，其中穷人和富人混居杂处，就像希腊人、伊特拉斯坎人、奥斯坎人和拉丁人随着时间的推移逐渐融为一体一样。

这个城市既没有阶级斗争，也没有种族歧视：自由民和奴隶们分享着老板的财富，依附关系、客户关系和商业关系确保每个人都能得到每天的面包。庞贝的物价并不高昂，这里的主食比帝国的其他城市便宜得多，因此在这里生活也更容易。

慈善缓解了最贫穷的居民和残疾人的痛苦。上图中，一位贵妇人在女仆的陪同下把一枚硬币递给一个盲人。

每周，市集都会在装饰着各种花环的广场门廊下举行。人行道上会摆放着各种摊位。在下图的右方，一个鞋商正给顾客递货品，其他人则在后面排队。在图的左方，一位看起来正在打瞌睡的老人守着即食食品摊子，大罐子里装着炖菜和酱汁。

第四章
女性的命运

在本纪元的第一个世纪，古代妇女早已解放了自己。她不再被关在家中，不再只负责生孩子、对丈夫唯命是从。她走出了大门，并且不需要戴着面纱。在外面，她混迹在广场的人群中，她逛市集，参加街头派对。许多庞贝女人已经宣称自己与男人平等。

在房子的私密空间中，一名妇女正监督着孩子们读书，她的女仆在准备饭菜。

战神广场上，装饰花环点缀着柱廊，商人们在人行道上摆起了摊位。一名鞋商对坐在他前面长凳上的两名买家夸耀鞋的质量。一位贵妇人在仆人的陪同下施舍给乞丐。一个衣衫褴褛的盲人，被一条狗引导着，拄着粗糙多节的拐杖蹒跚行走着。没错，庞贝妇女不仅出现在家里，也会出现在大街上。

从前，有一位未来的皇后……

萨比娜·波佩亚的生活像童话故事一样开始。她来自庞贝一个富裕的家庭，有两栋豪华的房子，分别是金色丘比特之家（房子四周装饰着几个戏剧面具）和米南德之家（在那里发现了118件银器）。她很美丽，她也知道这一点，因为她的同胞毫不掩饰对她的爱慕。有一面墙上这样写着："永远保持绽放，萨比娜，保持美丽，永远做一个年轻女孩。"

她没有听从这个建议，而是把自己的贞操献给了尼禄皇帝，在公元62年，尼禄

富有而妖艳的萨比娜·波佩亚（右上图）是庞贝的房主，华丽的托雷安农齐亚塔别墅（下页图）也是她的所有物。

左图的耳环和蛇形手镯可能是她的首饰。

娶她为妻。同年，一场地震摧毁了这座城市。萨比娜当然恳求她威严的丈夫帮助这些遭受了不幸的庞贝人，就像恳求他允许她的同胞们恢复角斗比赛一样——公元 59 年的时候，尼禄曾经因为他们在角斗比赛上杀害了诺切拉的选手而禁止他们举行比赛。请求被批准了，庞贝人欣喜若狂。在许多个世纪之后，我们才发现他们在城墙上写下了这样的文字："帝国的决定万岁！皇帝和皇后的决定万岁！波佩亚皇后万岁！"到了公元 64 年，他们依然不忘恩情，举行比赛庆祝皇帝在那不勒斯的地震中成功逃生。

尽管有庞大的地产，尤利娅·费利克斯也未能幸免于地震

尤利娅·费利克斯的房子占据了整座城市，不

在尤利娅·费利克斯家中的这幅装饰画中，并没有刻画神话、幻想的内容，而是表现了对精致物品的品位。美味的水果歌唱着庞贝农业的辉煌，架子上搁着大勺子的青铜器皿，一大盘鸡蛋，一个酒壶，一个锡制酒罐，墙上挂着四只画眉和一条流苏毛巾，一个盛有珍贵陈年葡萄酒的小双耳罐斜靠在架子的底部。

仅大，还装饰华丽，反映了其主人的富有和良好品位。和所有庞贝的房屋一样，房间围绕着房子内部的花园排布，花园里喷泉汩汩作响，装饰性植物点缀着建筑。餐厅入口前方的柱廊由精细的大理石壁柱组成，柱身有凹槽，顶部则是科林斯式柱头。餐厅则是房子里最奢华的房间，里面为客人布置了华丽的大理石床。后墙假山林立，变成了花坛，水从喷泉的大理石台阶上缓缓流过，带来了美妙的清新气息。

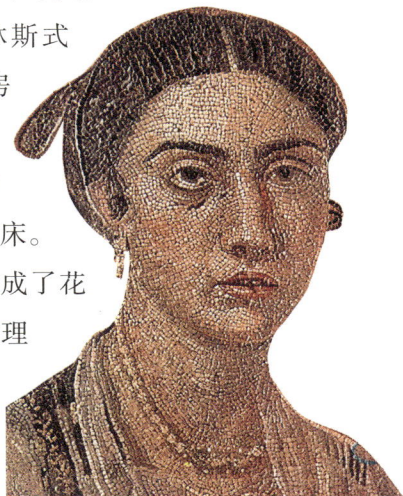

上图中，水晶杯里盛放着水果，苹果、梨、杏、石榴，形状饱满，一串葡萄挂在杯沿，一颗颗小籽粒晶莹剔透，让人垂涎欲滴。一个苹果掉了下来，一个石榴裂开了，下面是一个装满葡萄的罐子和一个双耳瓶，等待迎接客人的喜悦。

借助这幅坎帕尼亚贵妇肖像（左图），我们可以想象尤利娅·费利克斯的样子，丰满的脸型，圆润的脖子，黑色直发在额头上分开。她的表情很严肃，近乎忧郁。

美丽年华

神与人很接近，有时甚
至难以区分神话和生活
场景。上页图中的美惠
三女神年轻的身体表现
出的更多是羞赧，而不
是性感，她们更像是三
个没有衣物遮挡的凡人
女孩，而非绽放美艳的
耀眼女神。她们为这幅
画带来一种天真无邪的
魅力。左图也是如此，
她到底是采摘鲜花制作
神圣花束的花神芙罗拉，
还只是一个房子的女主
人，想把房子装饰成自
己喜欢的样子？在她的
花园里，她优雅地披着
一件鲜艳的外套，弯起
的腿显露出鞋子的精致。

生命的暮年

在庞贝，走入暮年不是好事。老妇人是油画家和马赛克画家的目标，他们毫不犹豫地把老妇人画成夸张的漫画。尤其是画家们还把她们描绘成米南德戏剧中的女角色，就更显讽刺。一个脸上皱纹深深、眉毛很宽的老妇人和两个较为年轻、相貌平平的乡下女人围坐在桌子旁。无疑，她们是母女。桌子上放着月桂冠和香。老妇人正在准备咒语，当被提问时，她会做手势然后喝一口葡萄酒。年轻女子绝望地绞着双手，右边的女仆保持着恭谨的态度。这位老算命师从民间那些容易上当受骗的妇女那儿捞到了好处。

对于这种非同寻常的奢侈，尤利娅·费利克斯并不满意，她的花园里有更朴素的夏季休闲桌椅，桌子和躺椅都是用砖石打造的，漆成了鲜艳的颜色。

所有房间里都有壁画，有的画着广场的热闹场景，有的画着静物。在静物画中，画家往往从孤立的几个物体中寻找一种遍及不同平面的整体视角，用光线丰富大自然的美感：例如摆放在水晶杯里的水果，架子上错落的各色物品。

这位富有的庞贝人，她的一生似乎都在奢侈和无忧无虑中度过，但也未能幸免于降临她城市的悲剧。她的房子在公元62年地震中倒塌了，她平静地面对逆境。为了修复房子，她决定把一部分房子租出去，把它改造成公共浴场、商店还有小酒馆。

尤利娅·费利克斯代表着那些拥有巨大财富的女性，她们有自主权，但不寻求经济地位。

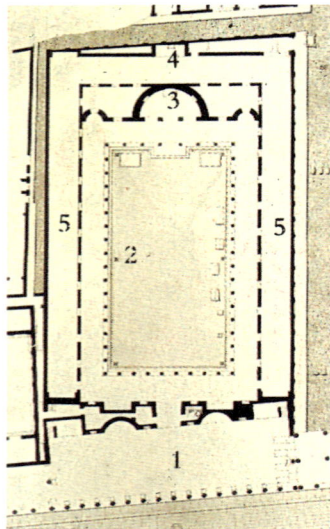

欧马齐娅楼平面图：大楼正面俯瞰着广场的柱廊，后面则与丰足大街相连。

欧马齐娅，喜欢炫耀财富的企业家和女祭司

在整个庞贝城中，欧马齐娅有着非同凡响的

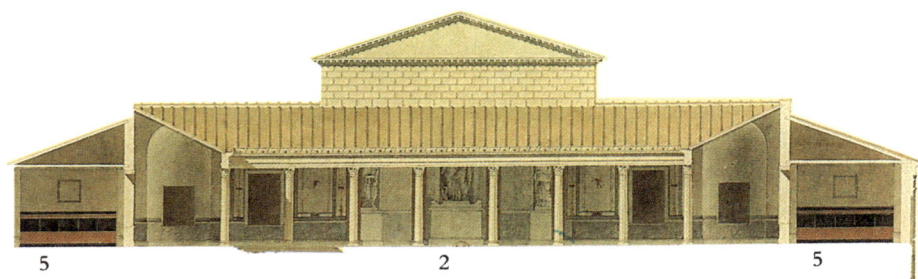

横截面：
2.柱廊和室外座椅
5.走廊

社会影响力。在广场上，就在丰足大街的拐角处，有一座长60米、宽40米的巨大建筑，建筑的两个入口有这样的铭文："欧马齐娅，卢修斯的女儿，公众的女祭司，以她自己和她的儿子努米斯特里乌斯·弗朗托的名义，用自己的资金建造了一个前厅、一个地道和一个柱廊，以彰显对奥古斯都和谐女神的虔诚。"

这位女祭司属于庞贝的一个古老家族，欧马齐家族，这个家族拥有葡萄园和砖厂，同时也

纵截面：
1.广场门廊
2.柱廊
3.室外座椅和利维亚的雕像
4.有欧马齐娅雕像的走廊

在市政生活中举足轻重：家族成员之一的卢修斯·欧马齐乌斯·费斯图斯在公元 32 年担任了执政官。

　　幸运的是，我们发现了由浆洗工竖立起的欧马齐娅雕像。这似乎说明了为什么大家称欧马齐娅楼为"羊毛交易所"。确实，从技术的角度来看，无论是拍卖羊毛还是出售服装或其他纺织品，都非常适合在这座建筑进行。商人交易时摆放货品的桌子和其他必需的家具要放在柱廊下的走廊里，下班后这里会关起来，就可以防止储存的货物被盗。

　　除了适应商业需求外，欧马齐娅楼还因其建筑的规模和富丽而引人注目。楼的正面由一个两层的柱廊组成，与广场的新柱廊协调相应。正门的门框和门楣上都装饰着雕花饰条，前方和室内的壁龛是为了安放皇帝的雕像，可能是提比略和德鲁苏斯的，而铭文则是歌颂埃涅阿斯和罗慕路斯的故事，这一切都让人想起了罗马奥古斯都广场的休息区。

两层楼带门廊的大庭院可能是用来安放奥古斯都和谐女神雕像的，雕像陈设在一个半圆形的外景中，装饰着金色的丰饶之角，外面是两根柱子。这个圣像暗藏着提比略在公元22年母亲利维亚生病后的感情，和谐女神歌颂了母亲与儿子间情感的和谐。通过竖立这个雕像，欧马齐娅证明了她对皇帝和他母亲的忠诚，她以他们的家庭关系为榜样，塑造她自己和儿子的关系。另一个可能是，欧马齐娅，作为公众的女祭司，崇拜这个利维亚－和谐女神。

这座建筑显示了欧马齐娅家族的权力与财力，也显示了他们的骄傲：竟然敢于在庞贝建立起一个小型帝国广场。既是葡萄园主，又是实业家和商人，他们生前的炫耀同样也延续到死后，这从欧马齐娅为自己和家人建造的宏伟陵墓中可见一斑。

那些开商店、旅馆或靠自己的魅力谋生的人……

她们通常是工匠或店主的妻子，经常经营店铺。面包师特伦提乌斯·尼奥是一个须发蓬乱的农民，他面容严肃，颧骨突出，在他旁边站着一

在欧马齐娅楼的门楣上，叶形装饰的旋涡纹样上点缀着小动物，如蜗牛、老鼠、小鸟等图案，突显了罗马人的自然主义品位，而雕像的灵感则来自希腊雕像。

这位面包师的妻子手里拿着一块双折板，毫无疑问，这是她的账目，她很好地代表了
庞贝城里那些野心勃勃的女性，她们积极地追求事业上的成功。

个迷人、淘气又精明的女子。通过这幅令人目眩神迷的写实主义绘画，我们产生她至今依旧栩栩如生的幻觉。

在著名的纺织品和服装制造商韦雷昆杜斯先生家里，他的妻子正坐在商店的柜台橱窗前，墙边摆放着一列列满是货品的橱柜，一名穿着时髦的年轻人正在购买一双拖鞋。在车间里，四个光着上身的工人正围着炉子上一个沸腾的大桶，用一种专门收紧织物的溶液来浸泡织物。

经营酒馆的也常常是女性，而光顾这些酒馆的常常是相当粗俗的客人，他们的诚信往往令人怀疑。嗓音嘹亮的瓦莱里娅·赫多涅是一个酒店老板。（她的绰号在希腊语里是"快乐"的意思，已经说明了整个程序……）她毫不羞赧地宣布着她的奖项："英俊的军官，你花一个阿司^①就能在这里喝酒；给两个，就能喝更好的；给四个，就能喝法兰尼酒。"当掷骰子的顾客发生争吵，强壮如她，会毫不犹豫地把争得面红耳赤的人赶出去。

在隔壁的一家特色酒吧里，阿塞琳娜管理着一群女孩。在古老的庞贝城的蜿蜒街道上，她们以适当的价格出卖魅力。东方的帕尔米拉、希腊的阿格拉、犹太的玛丽亚、异国的士麦那：我们从涂鸦艺术家对她们的赞美中知道了这些人的名字……

庞贝的女性也当雇员、仆人……

有许多在默默无闻的工作中逐渐迷失的面孔：比如面包店工人斯塔西娅和佩特罗尼娅，忙着洗刷和修剪布料的浆洗厂工人斯佩库拉，还有管家、厨房女佣、女仆，她们绕着女主人转，但没有人知道她们的名字。

---

① 古罗马货币，1塞斯特斯相当于4阿司，具体可参考197~199页。

图中这位庞贝女人被侍女们簇拥着，花了很长时间挑选衣服，调整发型和妆容。侍女们低头弯腰工作着，但她们的仪态之优雅也毫不逊色。有的女性想成为诗人，下页的大奖章上的女孩一边沉思，一边咬着笔，毫无疑问是在寻找灵感。

第五章
闲暇时光

以日晷、水钟、漏壶划定的时间是庞贝人生活的标点符号。在这些标点符号之间，是固定的工作时长、法庭会议、剧院的戏剧表演、圆形剧场的比赛、浪漫的约会、工作餐或是和朋友的宴会。

————

激烈而暴力的比赛深深吸引着庞贝人，他们为肌肉发达的拳击冠军献上桂冠，他们双手戴着用皮革系带固定的手套，而竞技场上的英雄戴着礼仪头盔四处游行。

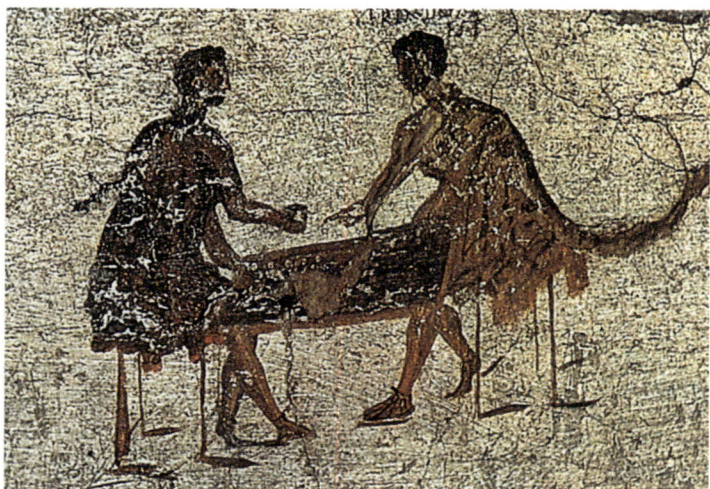

在酒吧里，我们通过玩骰子消磨时光，但是小心！争斗随时都会发生……

每个庞贝人在日常生活之外，都会尽力挤出时间来享受休闲时光。休闲并不意味着无所事事，而是一种脱离了交易、商务以及工作烦恼的活动。

桌子上放着一个装满钱的钱包，这些钱将会落到获胜公鸡主人的口袋中。人们在比赛开始之前下赌注是很常见的事情。

市民热衷于体育，这对他们的力量和技巧都大有裨益

对每一个庞贝人来说，体育馆，或者运动场，都是学校的延伸。本纪元的五个世纪以前，萨姆尼特贵族在他们的运动场进行锻炼，萨姆尼特运动场规模不大，罗马人认为其不足以用来进行田径运动，于是建造了巨大

两名运动员刚刚被宣布为体育馆的比赛获胜者。前面这名运动员用发带把头发束在后面，为了庆祝胜利，他举起了玻璃酒杯。背后的运动员额头上戴着桂冠。

的体育馆。这是一个具有多种功能的大场地，既可以用来充当教学场所，又可以在那里散步，它是营房的院子，是奴隶市场，也是一个封闭的斗鸡场。体育馆里面是一个巨大的矩形广场（长 141 米，宽 107 米，即面积超过 15000 平方米），外面围着围墙，就像城堡一样。三个突出的室内柱廊围成一个庭院，庭院里挖了一个游泳池。像城市里的其他花园一样，梧桐树排列得十分整齐，这也是一座与植物相融合的建筑。

谁会来这个体育馆练习？业余爱好者们投掷铁饼，练习跳跃，手握哑铃举重，摔跤，这些活动都非常受欢迎。有些练习更有军事色彩：武器角逐、骑马游行，沿袭了特洛伊竞技的复杂演变。通过这种方式，年轻人在身体和品德上都为他们未来的公民角色做好准备。这个城市的中产阶级的儿子们被聚集到一起，组成一个马术社群、一个预备军人社群，这也加强了社会的等级分化。

无论老少，运动过后洗个澡，保持清洁卫生

浴场有多重要？从数量上就可以看出来——仅仅是庞贝城就已经有三个浴场。浴场的位置还处于人们最常去和最容易到达的地方：斯塔比伊浴场位于霍尔考尼乌斯街的十字路口；广场浴场位于广场街和诺拉街的交会处；中央浴场位于东西大街与南北大道的交会处。

借助这三个场所，我们可以追踪这些浴场建筑从萨姆尼特时期到火山爆发时期的演变，从还未完工的中央浴场，穿回到殖民的开始，即广场浴场出现的时候。

中央浴场由高温浴室、温水浴室和冷水浴室组成，分布在同一条东西轴线上。它俯瞰着体育馆的庭院，三面有柱廊，第四面是一个水池和服务室。

在斯塔比伊浴场，有一个女性专用的浴池，与男性用的分开，因此需要日晷来调控各自的开放时间。冷水浴室呈圆形，上面有一个拱顶、前厅和更衣室同样也有拱形天花板，呈八角形或圆形结构，上面涂着灰泥。广场浴场中的男女浴室也是分开的。

有大批员工通过服务为顾客提供沐浴的舒适体验，有专门帮助沐浴者爬上浴缸台阶或进入冰冷浴池的员工，还有帮助不想泡澡的人冲洗的员工。洗完澡后，就轮到拔毛师、调香师和按摩师（主要是黑人）为顾客服务。这些放松时刻是庞贝生活乐趣的一部分，随着中央浴场的建设，越来越多的庞贝人可以沉浸其中。在 M. 克拉苏·弗鲁吉的温泉浴场里，还有专为权贵准备的海水浴池。

在广场浴场里，温水浴室（上图）借助一个巨大的青铜火盆加热，盆上刻有捐赠者尼吉底乌斯·瓦库拉的盾形纹章：一头母牛。墙壁上被挖出一个个壁龛，壁龛由大力士的雕像间隔开，这些大力士雕像支撑着以丰富的叶饰和旋涡雕饰的飞檐。天花板则用灰泥镶板装饰。

正如罗马建筑师维特鲁威想要的效果，高温浴室顶上开了一个圆形窗户，光线照下来笼罩着底下的浴盆，而方形的窗口则为整个房间提供照明。

广场浴场

男浴室：
Ⅰ.更衣室
Ⅱ.冷水浴室
Ⅲ.温水浴室
Ⅳ.高温浴室

女浴室：
1.更衣室
2.冷水池
3.温水浴室
4.高温浴室

在广场浴场（上图）的高温浴室里，金黄色的墙壁上装饰着优雅的红斑岩壁柱，客人们从浴缸走到浴盆——一个会喷出冷水的大理石盆。这个高温浴室就是下页下图19世纪的版画作品中描绘的那个。下页上图中，画家描绘了同一浴场的温水浴室，可以看见里面有丰富的灰泥雕饰。

这是西奥多·夏塞里奥1853年的画作，名为《温水浴室》，描绘了庞贝女人出浴后休息和擦干身体的房间。像同时代的许多人一样，他采用了古典主义的风格。但他所画的女性温水浴室其实是广场浴场的男性温水浴室！排除这种反常现象，他对考古现实的尊重是值得注意的，因为他很自然地把火盆和装饰着温水浴室的牛头像的青铜长凳引入了这个场景。这幅画让我们沉浸在类似于安格尔的《土耳其浴室》和德拉克洛瓦的《阿尔及尔的女人》的性感而慵懒的氛围中。

左图：在幕后，演员们正挑选着他们的面具和服装。

下图：坐在观众席的露天看台上，可以把下面的舞台尽收眼底。这个圆形剧场的重建工作可以追溯到公元62年至68年间的尼禄统治时期。剧场的主体是一面装饰华丽的墙壁，它的中央是一个巨大的半圆形壁龛，两端各有一个长方形壁龛。

喜欢看表演的庞贝人有大剧院、奥迪翁剧院和圆形剧场三个选择

这座剧院的历史可以追溯到公元前200年左右的萨姆尼特时期，它是最大也是最古老的表演建筑。观众席是马蹄形的，四面半圆形的墙支撑着土坡，土坡上设置了可容纳5000名观众的石质看台。在剧院的南面有一个由爱奥尼亚式柱廊环绕的花园，观众可以利用演出的间隙在这里休闲散步。这个巨大的空间与斯塔比伊街相连接，通过楼梯，可以到达三角形广场。

在公元63年至68年间，在罗马帝国的启发下，这里建造了一个舞台。

舞台墙上有一个巨大的半圆形壁龛，两边各有一个矩形壁龛，三扇门贯穿其中——一个豪华的门和两个走廊通道口，兼顾城市人和农村人的需要。

在后面，挖了一条沟，这是幕布运行的通道，幕布会在演出的开始时放下来。确实，这与我们现代剧院是相反的，在庞贝，幕布升起意味着演出结束。

第二座文化建筑——奥迪翁剧场，由西拉领导建设，它是一个有顶棚的剧院，用于举办音乐活动、诗歌朗诵或会议。出于声学上的考虑，屋顶是必要的，当然，这也带来了重大的技术问题：实际上，只有一座高建筑，上面只有一个面积很小的区域，来承载覆盖整片区域的屋顶，建筑师设计了一个 28.6 米宽、34.8 米长的矩形，舞台墙达到了 6 米高。正因如此，与大剧院的拱顶相比，这个正圆拱顶显得非常陡峭。在 39 层凝灰岩座席上坐着 1300 名观众，他们可以很轻松地四处走动。

在奥迪翁剧院，精美而坚固的凝灰岩装饰支撑着围绕梯形座席的墙壁两端，在墙上刻有的狮鹫的爪子把底层座席和中层座席划分开来——缓和了材料和建筑线条的冷峻感。

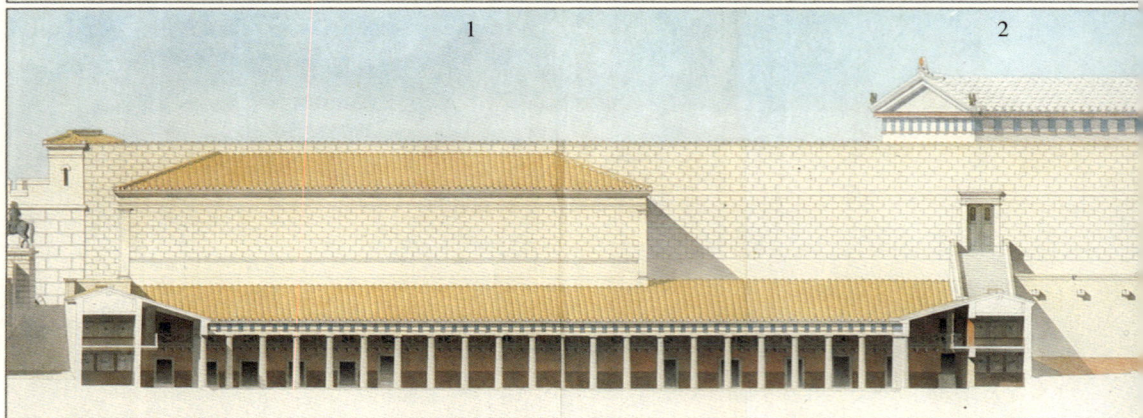

剧院区的纵断面

"1857 年我第一次去庞贝的时候，我被这座城市的废墟之美所震撼……剧院区和三角形广场不仅让我领略到其迷人魅力，还提供了一系列建筑与纪念碑的新奇组合，它们无一例外地都保留了一些原始的装饰痕迹。这个地区包含了一个被称为三角形广场的公共广场，在广场中央仍然留存有一座希腊神庙的遗迹……一个大剧院，一个小剧院，一个士兵宿舍，一个公共市场，一座伊西斯神庙……特别的房子、城门和城墙组成了庞贝的全部。"

——保罗 - 埃米尔·博内（Paul-Emile Bonnet）

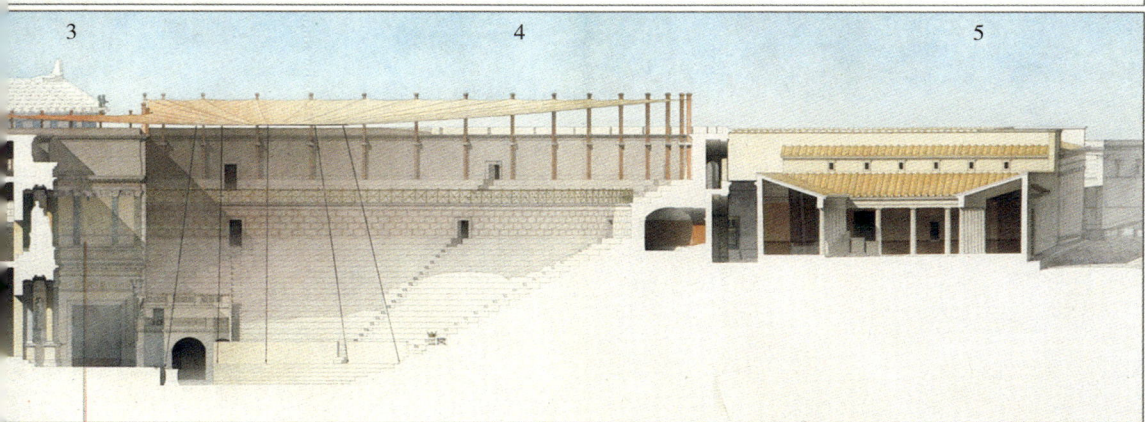

博内的报道反映了 1853 年剧院区的
状况和他对修复的建议。我们可以看
到：

1. 角斗士营房
2. 角斗区及其循环系统的立面图
3. 歌队的入口
4. 阶梯座席
5. 萨姆尼特体育场

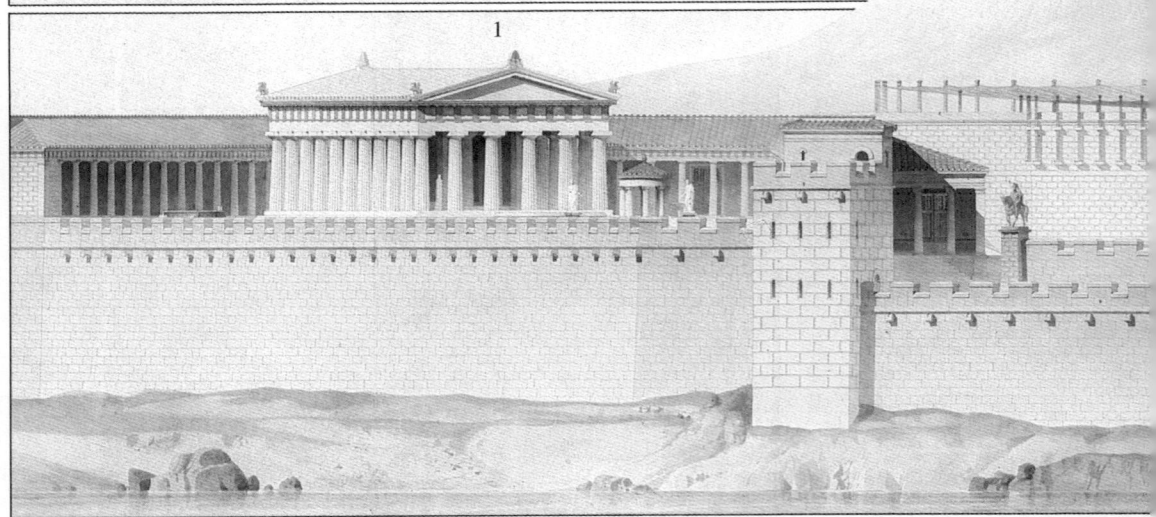

剧院区：东西横截面

"这些不同的建筑都建在朝向大海的缓坡上，逐渐升高地排列着，这一定给城市的这个区域带来了如画的风景。"

——保罗 - 埃米尔·博内

2   3   4

这次，这位建筑师呈现了从围墙外的南面看到的两个视角：修复后的城墙清晰可辨，还能看见两座塔楼和斯塔比伊门。鉴于当前的修复状况，我们可以辨认出：

1. 三角形广场和多立克神庙，前方是圆形柱廊下的圣井；2. 大剧院；3. 奥迪翁剧院；4. 斯塔比伊门。

右图是大剧院的纵剖面图纸，大剧院是左图区域建筑的一部分。图中层层叠叠的阶梯座席分为底层、中层和高层。有一张附着在木杆上的大帆布为整个建筑遮挡阳光，由工人控制缆索来调节。

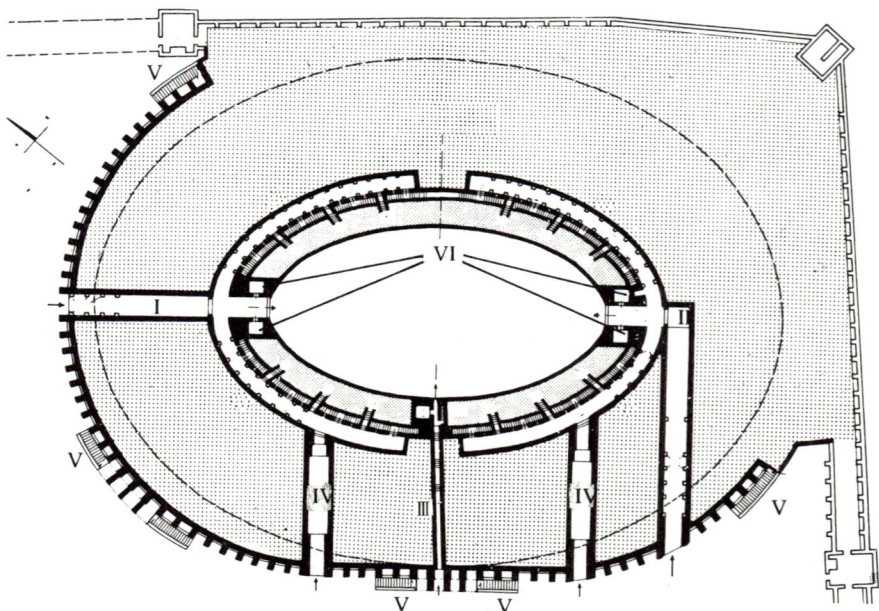

两万名观众在竞技场观看比赛

　　圆形剧场与奥迪翁剧院（约前 75—前 70）建于同一时期，呈椭圆形，靠在部分城墙上。圆形剧场有 35 层阶梯，可以容纳两万名观众。他们按照严格的社会等级划分座席，权贵们坐在最底层。社会上的所有人都聚集在一起为赛场上的英雄们欢呼。

　　比赛是由庞贝富有的名人们组织的，例如被誉为"剧院经理王子"的迈尤斯，因为这取决于谁能让最多的角斗士参加比赛，是 5 天 30 对角斗士，还是 4 天 40 对角斗士！在炎热的月份到来前，比赛日程排得满满的：4 月的 4 日、8 日、9 日、10

圆形剧场平面图:
Ⅰ. 北轴通道
Ⅱ. 南轴通道
Ⅲ. 小通道
Ⅳ. 救护通道
Ⅴ. 室外楼梯
Ⅵ. 囚禁室（为角斗士和野兽笼子预留的房间）

为了减少土方工程量，建筑师让圆形剧场靠在部分城墙上。圆形剧场外部长 140 米，宽 105 米，里头是一个长 66.8 米，宽 35.4 米的竞技场。

在圆形剧场的主轴两侧，有两条走廊通往竞技场，其中一条因靠墙而折成直角。还有一条非常狭窄的通道，可能是用来疏散被杀的人和动物的。观众要么走救护通道，要么走通往楼上的室外楼梯进入看台。

日、11 日、12 日、20 日有比赛，5 月的 2 日、12 日、13 日、14 日、16 日和 31 日有比赛。在附近的城镇也有比赛，比如诺拉、诺切拉和波佐利，这些比赛和阿波罗运动会（7 月 6 日）等常规庆祝活动或韦伯芗皇帝神庙祭坛的献祭仪式、档案馆的落成典礼等特殊事件有关。

　　在罗马帝国统治时期，人们对比赛的狂热只增不减。公元 62 年后，大剧院的四面柱廊改造成了角斗士营房，底层和二楼建了一些小房间和附属建筑，庭院则用于日常训练。角斗士通常是在专门的技术学校学习过格斗技巧的专业人士，经理们以高价买入他们。这些角斗士的受欢迎程度是非比寻常的，无疑是因为大家对那些每天都与死亡面对面的人有一种病态的热情，即使是卡普亚角斗学校最优秀的学生，在比赛中也得常常被观众或地方官员救下小命。墙上写满了给他们的加油口号，还有对他们风流事迹的歌颂。

上图是一个全副武装的角斗士，戴着头盔，穿着胸甲、护腿，手持钩刀，这些装备都非常有效。

"大概在同一时间（公元59年），一件小事引发了诺切拉居民和庞贝居民之间的一场可怕的厮杀，事情起因于利维尼乌斯·雷古勒斯的一场角斗。就像通常在小城镇发生的那样，双方先是肆无忌惮地相互嘲笑，然后互相投掷石块，最后动起手来。庞贝的平民占了上风。许多诺切拉人缺胳膊少腿地被抬回家，他们中还有很多人要为父亲或儿子的死而哀悼。君主把这事交给元老院裁决，元老院又把它交给执政官。但经元老院的进一步审理后，该城被判决十年内不得举行此类集会，利维尼乌斯和其他煽动者被处以流放的惩罚。"

——塔西佗

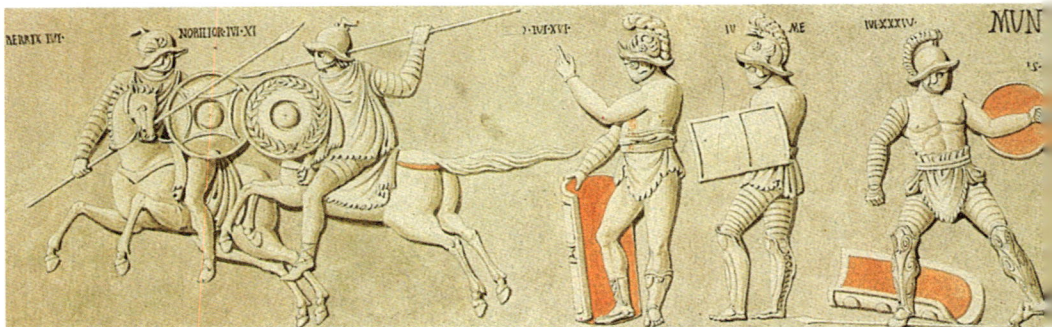

公元 79 年 8 月 24 日的火山喷发吓坏了一位贵妇人，她满身珠宝，在一个小房间里，死在她的角斗士情人旁边。

角斗并不是竞技场中唯一的壮观景象。那里还有其他的搏斗，例如人与野兽的搏斗、野兽与

圆形剧场矮隔墙上的绘画展示了不同类型角斗士的战斗准备，从左边使用坐骑的角斗士，到使用三叉戟和网的角斗士。中间这幅画则提醒我们，圆形剧场也是狩猎场所，或是人类狩猎公牛、野猪，或是动物间的捕猎——狗与野猪、鹿和梅花鹿战斗。

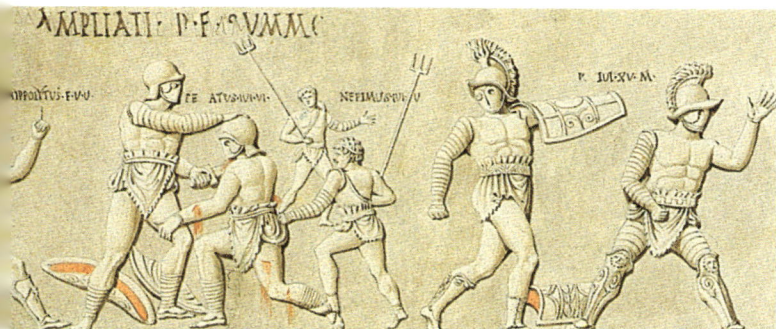

浴场里使用的青铜刮板上用锥子雕刻了角斗的情景画，提醒了我们这些比赛在庞贝人的休闲活动中有多重要。

家畜的搏斗、狮子与瞪羚的搏斗，这些项目往往构成了表演的第二个环节。在歌颂残忍和血腥的同时，这些表演也展示出战士们搏击凶残猛兽的勇气。

除了这些粗暴而令人不安的消遣，剧院还提供了更精致的娱乐

这是一种真正的流行文化，包括了喜剧和悲剧两种体裁。庞贝人喜欢悲剧诗人塞涅卡的戏剧作

品中的感染力与修辞、抒情与狂暴，但他们也喜欢以米南德作品为主的礼仪喜剧，它反映了富裕的当代中产阶级的日常生活，在这种生活中，奴隶和自由民扮演着越来越重要的角色。在以他的名字命名的房子里，米南德被描绘成一个戴着桂冠端坐着的人，他手中拿着一卷莎草纸，上面写着："米南德

一个铙钹手，一个手鼓手，在跳着怪诞的舞蹈，一个女人吹着笛子为他们伴奏，还有一个可怜的侏儒跟在后面：这幅马赛克画所表现的是米南德戏剧中的节选片段。

是第一个写出四本新喜剧的人。"

尽管闹剧描绘、讽刺了各行各业的人，人们也不会感到被冒犯。烧炭工、算命师、画家、陶匠……这些人都是喜剧家的目标。新的表演形式也在流行——哑剧。哑剧是一种由舞蹈和手势组成的无声表演，其滑稽主题一般围绕着通奸展开，有时哑剧表演甚至会在大剧院的舞台上进行。和大剧院不同，奥迪翁剧院避开了往这种流行口味发展的趋势，但只有懂行的人才会为这位戴着王冠、戴着面具、用诗歌朗诵自己最新戏剧的时髦"诗人"喝彩。

除了这个例外，大剧院上演的"杂剧"够得上圆形剧场的表演水平。

学术文化似乎只不过是学校的一项练习，又或是学者们在私人藏书室里的取乐方式。工人阶级需要轻松愉快的场面，需要人们可以放声大笑的大闹剧，需要竞技场上的血腥比赛，这些比赛既激发了他们每个人的暴力本能，又安抚了他们的内心。

庞贝人并不讨厌在同一场演出中从欢笑到流泪，他们喜欢悲剧，也喜欢喜剧。演员很受欢迎这一事实，正表明了他们的艺术受到多大的欣赏。

一个奴隶以一种那不勒斯的典型手势侮辱一对年轻夫妇，那个年轻的女人似乎被吓坏了，男人保护着她。这个奴隶头发灰白，像中产阶级那样披着一件宽大的披风，上面还带着流苏，这是奢侈的象征。这个角色似乎是自由民帕波斯，米南德描写的这位英雄的冒险经历既逗乐了奴隶，也逗乐了自由民。

第六章
人与神

无论是在家里还是在街上，是在私下还是在公众场合，庞贝人都无法逃脱众神的注视。他们会在固定的时间到这座城市的神殿和许多神庙里祭拜神明，也会在私密的家居空间中留出好一段时间与神明共处。

———

庞贝，这座"虔诚"的城市，日日夜夜为本地或外来的神献祭。酒神巴克斯（上图）在哪都受到尊崇。下午两点半，埃及女神伊西斯（上页图）在圣水仪式上接受信徒们的祭拜。

首先的祭祀对象是赫拉克勒斯、巴克斯和维纳斯三神，他们庇佑着乡间葡萄酒的生产

每天，庞贝的屋主人都会在家人和奴隶的包围下祭拜祖先家神，赫拉克勒斯、巴克斯和维纳斯也常常出现在家神神龛上。

家神神龛上常放着手持棍棒的赫拉克勒斯的画像，他的形象被大大丰富了——传说他是庞贝古城的缔造者；而在小型的家庭祭坛和室内花园中，常常有酒神雕像、戏剧面具、巴克斯的半身像等物件，以歌颂酒神。

庞贝人也崇拜维纳斯，他们称她为"庞贝安娜"，意即庞贝的女神。她是庞贝的守护神，人们祭拜她，祈求好运连连、繁荣昌盛。她和酒神巴克斯有着密切的联系，巴克斯是农业神，后来人们把他和谷物女神刻瑞斯混淆了。维纳斯也在家神神龛上占有一席之地，是广场附近的一个大神殿里的主神。

朱庇特、朱诺、密涅瓦：卡比托利欧三神象征对罗马主权的忠诚

自从苏拉建立罗马殖民地庞贝以来，这三位神灵就享有着极大的尊崇。卡比托利欧·朱庇特神庙居主导地位；在内殿，有一个由三部分组成的基座，用来容纳三位神的雕像。在神殿里，由罗马祭司主持官方的祭祀活动，在私人住宅里，人们也同样向朱庇特、朱诺、密涅瓦表达敬意。

下页图中，庞贝的维纳斯身穿天蓝色长袍，头戴金色王冠，站在一辆由大象拉着的双轮战车上，手持橄榄枝和驾驶舵。两名天使为她奉上象征幸运与凯旋的皇冠和棕榈叶。

在维纳斯的战车两旁站着两个人物：左边是命运女神，世界的女主人，她倚在舵上，手持丰收之角；右边，庞贝城的人民守护神正挥舞着衣钩和丰收之角。

广场上的朱庇特神庙有一个由 6 根 8.4 米高的柱子组成的正面，支撑着一个高大的三角墙。朱庇特、朱诺、密涅瓦在里面受到祭拜。神庙的右侧是提比略凯旋门。

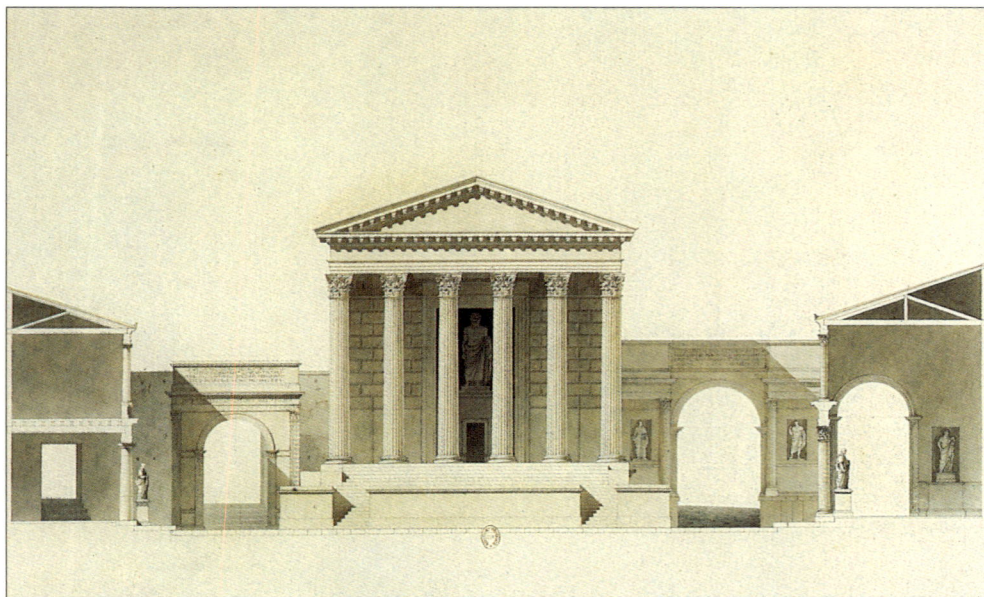

伊西斯的男女祭司都穿着特定服装——白色亚麻衣服搭配棕榈叶或纸莎草鞋，前额装饰着饰有眼镜蛇的发带，这种装束有着特殊意义。男祭司拿着一个装满水的圆形容器，并用洒水的工具挥洒里面的水；女祭司则端着一个酒壶。

伊西斯，外来的女神

罗马宗教一向对外来的神灵很友好。庞贝人在西西里港口或基克拉底群岛的提洛岛上贸易的时候，发现了亚历山大人的神灵，并将这种崇拜引入了坎帕尼亚。这种风潮尤其影响了说拉丁语或希腊语的普通人，即在大房子里干活的奴隶或自由民。即使他们后来获得了自由，受先辈影响，他们仍然表现出对这些神的虔诚。最终，这种崇拜也被贵族阶层接纳。

这种崇拜逐渐传播到上层阶级，最终成了城市的官方崇拜。公元62年地震后，一个自由民的儿子从废墟里重新建立起了地震中被夷为平地的伊西斯神庙。这个如此慷慨热心的人是谁？他是波皮迪乌斯·塞尔西努斯，一个颇受父亲宠爱的6岁孩子。这个行为为他打开了市议会的大门！这就是城市的贵族阶级对伊西斯的热情的证明。

在洛瑞阿斯·蒂伯庭那斯和尤利娅·费利克斯的家中，花园里都有一个伊西斯祭坛，还有法老和埃及众神的雕像。像波佩乌斯·哈比图斯那样的名人，都狂热崇拜这位女神。

在供奉她的神庙里，有许多男女祭司每天都为她举行仪式。在日出之前，信徒们聚集在神庙前，瞻仰女神的形象，在祈祷中对她表示感谢，并挥舞着叉铃致敬。忠实的信徒们会一直保持着端坐的姿势，沉浸在祈祷和沉思中，直到日出。一个小时以后，整套仪式才会以对新日出的祈祷结束。下午两点，第二次仪式又会开始，这次是圣水祭祀仪式。

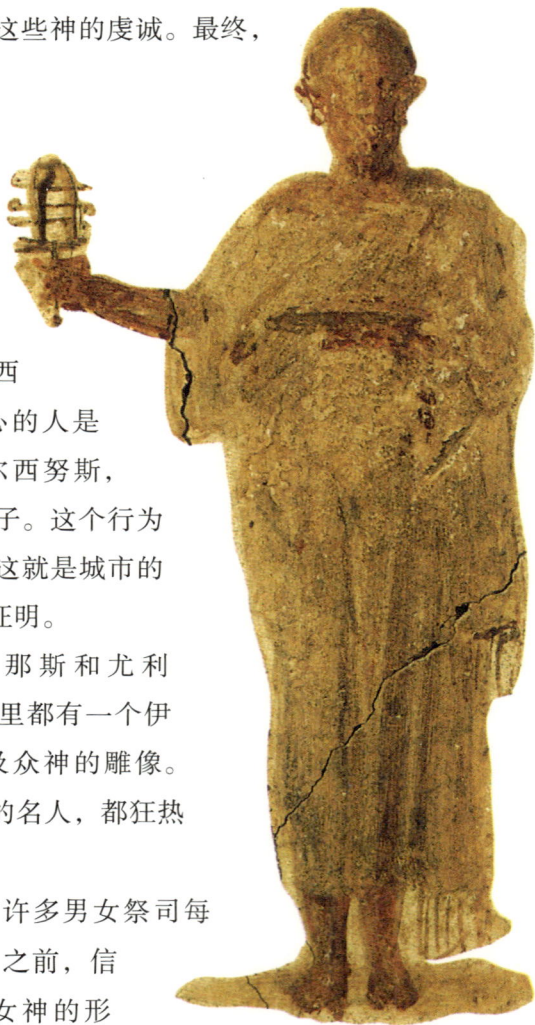

上图的祭司在挥舞一种名为"西斯特鲁姆"的乐器。

除了日常祭祀，还有专属伊西斯的隆重节日，其中最重要的是 3 月 5 日举行的伊西斯航行节。伊西斯被尊为水手的守护神，因此在每年冬季结束、船航恢复的时候举行节日活动。还有一个节日在 11 月 13 日至 16 日举行，是为了纪念伊西斯发现奥西里斯的尸体。在这个节日中，公众的欢庆是通过伊西斯的仆人们的秘密仪式来表达的，伊西斯的仆人放弃了过去的生活，通过这种"重生"，确保自己过上一种更为纯洁的生活。

不过，不是所有庞贝人都有如此高尚的追求，有的人采取一切手段来辟邪，例如用施了法的器皿、豹子爪等，这些都是在萨巴齐奥斯信徒的影响下形成的特殊宗教情感。在当时，公元 1 世纪 70 年代，他们还没有接触到刚刚萌芽的基督教。

上图从束腰套装和长手杖可以看出，这是一名旅行者，他在请求女巫给他一点药水。身为外乡人，他在进入城市之前求助于巫术是很自然的。

神秘别墅：狄奥尼索斯神话中的场景

在庞贝的郊区，有一座神秘别墅，在别墅后方的一个房间里，有一幅巨大的壁画：这是献给仁慈而普世的酒神狄奥尼索斯的。壁画中呈现了29个角色和多个场景。主要的角色是狄奥尼索斯，可以通过一根被常春藤和叶子缠绕着的手杖认出他来，还有他的母亲塞墨勒，她在下面画幅的中心搂抱着狄奥尼索斯。从画幅中心引出关于狄奥尼索斯和塞墨勒的两个神话。

神秘别墅：
塞墨勒神话中的场景

梳妆的女子象征着塞墨勒与宙斯的婚姻。右边的壁画则就塞墨勒怀孕和狄奥尼索斯出生的寓言进行发挥。

在韦伯芗皇帝神庙的庭院中央，有一座白色大理石祭坛，上面雕刻着一幅激发帝国崇拜的祭祀场景。一位用袍子一角罩住头部的祭司在敬酒，根据他身着最高等级的服装推断，这个很可能是韦伯芗皇帝本人。两个侍从、一个笛手和两个年轻男孩带来了献祭的工具，要献祭的公牛由刽子手和他的助手牵着。

庞贝人在地上最尊崇的神：皇帝。他们的忠诚日月可鉴

对皇帝的崇拜超越了其他一切崇拜，所有神圣的东西都与皇帝有关。皇帝自称是维纳斯的后裔，维纳斯是战神马尔斯的情人，而马尔斯是罗穆路斯的父亲，因此皇帝只能把这三神都收入囊中。

结果，纪念墨丘利和玛雅的奴隶和自由民学院，从公元前14年到公元前2年变成了纪念奥古斯都·墨丘利和玛雅的学院，到了公元前2年之后，变成了只纪念奥古斯都的学院。

这么一来，皇帝与所有的神圣事物有关，所有人无论社会地位或种族差异，都崇拜皇帝。在经济生活中扮演重要角色的自由民组成了奥古斯都学院，他们照管家神庙，后来变成了照管奥古斯都家神庙，并主持着与罗马地方长官相同的仪式。

男女祭司、公民、大臣，都效忠于皇帝。广场上的雕像、凯旋门，

都歌颂着帝国的荣耀。有的地方对皇帝的崇拜到了令人惊讶的程度：例如市场上的小圣堂；例如家神庙，那里大胆的建筑风格和完全由大理石制成的华丽装饰相辅相成；又如韦伯芗皇帝神庙，那里的大理石祭坛通过献祭的场景，让人回忆起依然鲜活的奥古斯都时代；还有欧马齐娅楼，还有体育场，年轻男孩们在锻炼时一定会在小圣堂举行一些赎罪仪式。

各种神明的融合在阿波罗神庙表现得最为明显。地方法官会在每年 7 月 6 日至 13 日在阿波罗神庙举办奥运会，崇拜的对象是阿波罗、黛安娜、墨丘利和玛雅，简而言之，崇拜的最终对象是皇帝。三神已经失去了地位，帝国的一神崇拜无处不在。

个人宗教信仰

可以说，庞贝人把相当一部分空闲时间用在了履行宗教职责上，当他们进入住所的私密空间，里面的装饰唤起他们心中更高的世界，这个世界只有拥有信仰的人才能进入。在公元 62 年地震后，一些房屋被精心修复并装饰，从中可以发现一些个人宗教信仰的活力。庞贝，一个虔诚且没有偏见的城市，它让每个人自由地表达他们的精神选择，也尊重威胁到所有神圣信仰的帝国崇拜。

街道和房屋一样，也属于神明。墙上同样也会画家神像。在维提之家这里，祭坛的形状与古典神庙的正面相似，也是由两根柱子支撑的三角墙。

在后面的墙上，有一个穿着长袍的精灵夹在两个家神之间，家神是年轻人的样子，穿着宽松而短小的束腰套装，高高举起角杯。在家神庙的底部，有一条弯曲的大蛇，它的头上装饰着一个冠，象征着保护房子的男性家神，因此，用祭酒的方式来取悦他是很合适的。

第七章
庞贝城的爱与死

庞贝人得到了爱神的庇佑，但他们不能只歌颂爱，也不能从死亡的痛苦中解脱出来，过上无忧无虑的生活。爱神维纳斯的形象被安放在城门，也被安放在墓地，提醒人们记起那不分老少都得遵循的人类共同法则。

———————

即使是在生命中最美好的时光里，庞贝人也从未忘记死亡。没有人比他们更明白：生活、爱与死的时间已经不多了。

受到靠近海洋的影响，庞贝人用贝壳来
歌颂维纳斯，年轻的爱情、头上吹起风
帆的顺风推动着贝壳航行。

在罗马世界，没有哪个城市
比庞贝更喜欢传达爱。维纳斯，
到处都是维纳斯，她就像女主人
一样统治着这里。除了庞贝的维
纳斯，还有贝壳中赤身裸体、光
彩夺目的维纳斯。还有包含了更
隐晦的情色意味的，马尔斯和维
纳斯的爱情故事。

散落在住宅、商店和公共建
筑墙上的涂鸦，描绘出了一个敢
于在街上大声谈情说爱的城市那
健康、活泼、喧闹的生活图景。

在庞贝，人们总会接触到马尔斯和维纳斯的爱情故事。尽管有时他们会露出自己极具诱惑力的裸体，但大多时候他们都穿着得体，像一对中产阶级夫妇。右图中的马尔斯穿着战衣，还戴着头盔，穿着胸甲，拿着长矛。维纳斯裹着长裙、披着薄斗篷。只有马尔斯在维纳斯胸前徘徊的手赋予了这幅画情爱的意味。

庞贝人喜欢表现情色的作品，除了有表现神的爱情，还有表现性能力的。维提之家中，有一幅称量阴茎重量的壁画（上页下图）常常引发参观者的好奇心。这幅画在前厅，带有一种净化的含义，就是说，要是到这里做客的人们有任何不良意图的话，这幅画能够解除他们的武装，净化他们的灵魂。

两个恋人躺在床上，一起享用着一顿丰盛的晚餐。男人上身赤裸，长袍披在腿上，饮用着玻璃角杯里的酒。女人用蜘蛛网般质地的轻纱掩盖着裸体，似乎在观察着葡萄酒是否对她的伴侣产生了作用。这个场景同样隐含着情色意味。

但是，人间的维纳斯也在声名不佳的地区、用途不明的房子和凹室、妓院等地方扩张她的帝国。这些地方留下了许多粗俗的话语、粗鲁的评论、懂行女孩的训诫，在灯下的写字板上还有 2～5 个带有情色意味的示意图，还有向路人卖淫的男孩女孩的名字和小名、昏暗房间里教授熟练技术的彩色小壁画……

在其他地方，阴茎或野兽交媾的淫秽画面和田园诗般的浪漫爱情画一起出现：被水泽仙女围攻的海拉斯，在水边顾影自怜的那喀索斯，海洛和利安得的爱情故事……

诗人用诗歌述说着爱情

即使事关情色，庞贝人也懂得用迷人的、隐晦的暗示来表达。一个着急地往情人那里去的人，对骡子因口渴而不得不停下来感到相当不耐烦，她说："骡子啊，如果你感觉到年轻气盛的催促，你应该加紧脚步去到维纳斯那里。我爱着一个年轻帅气的男孩，请你快马加鞭！你喝完了水，请拉起缰绳快步奔跑。带我去庞贝吧，我的爱人在那里。"

在其他地方，维纳斯也被召唤来捍卫爱情："不要忘记我，亲爱的情人，我求求你，以维纳斯的名义！"也会有人请求这位女神帮助自己完成致命的复仇："我请求你，让我的情敌惨死吧！"万一遇上了残酷的失败，这位失望的情人就会背叛她，转而报复这个奸诈的神明。

一般而言，庞贝人温和而沉静，只是希望求得爱的权利："爱人，如同蜜蜂，要求生活甜甜蜜

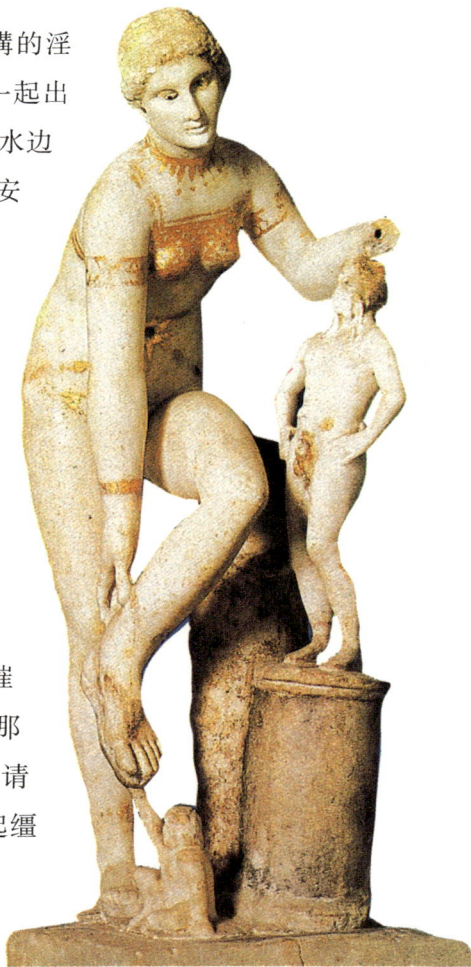

在以金色的网衣凸显自然魅力的维纳斯（上图）面前，年轻的生殖之神普里阿普斯表达着他的情感……

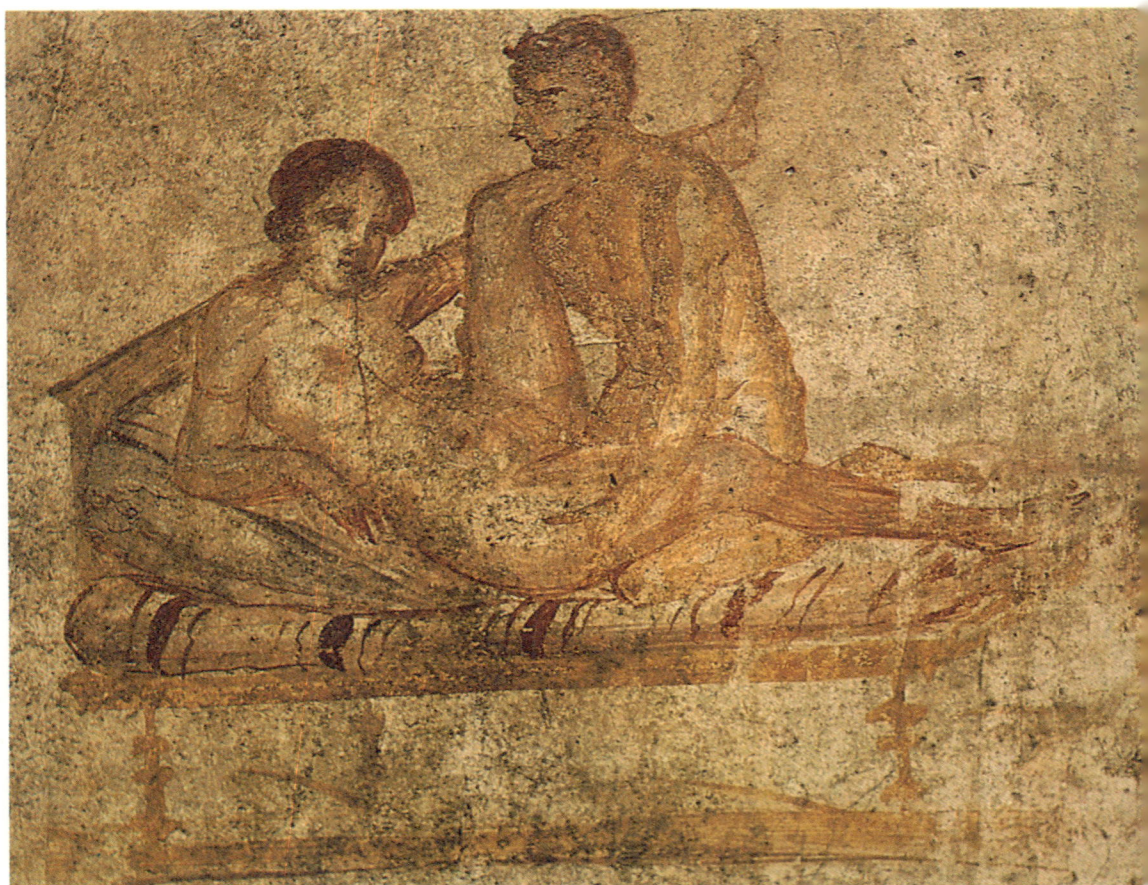

相比之下，维提之家厨房里的一幅壁画，在性现实主义的
方向上颇为先进。这幅画描绘的是房主人对年轻女仆实行
"初夜权"。背景装潢简陋，和上一幅壁画的华丽被褥形成
对比。

蜜。"爱的艺术其实就是生活的艺术："谁有爱，谁长命百岁；谁不懂爱，谁注定灭亡；谁阻止爱，谁加倍灭亡。"

在庞贝，女人不是短暂的欲望对象，而是一生的宝贵伴侣

不仅仅是女性，庞贝的夫妇也因为爱情得到歌颂与升华。维提之家的壁画提出了神明夫妇是模仿凡间夫妇的观点。爱情是道德和爱欲的结合，与任何色欲、堕落的倾向都风马牛不相及。

显然，自尼禄执政以来，社会一直受到种种恶念的影响，正寻求一种生活规则来施加约束。狄耳刻与伊克西翁所受的折磨已充分表明自律的必要性，庞贝女人的美德对此做出了巨大的贡献。从这些壁画可以看出，画家们以忒提斯和珀琉斯的符合伦理的爱情与那些不符合伦理的不幸爱情两相对照。

如果爱出于虔诚，就会萌生对人和神、活人与死人的尊重

在爱情中，庞贝女人依然接受罗马风俗的约束，她们敬爱亡夫、子女。他们的陵墓炫耀般竖立在道路两旁，这种竖满陵墓的道路在庞贝城有很多。

然而，庞贝的死亡没有带来令人痛苦的景象。如果没有亲戚朋友在葬礼上对死者的深切悼念，没有从悲伤的家庭中传来的哭泣偶尔打破美丽下午的宁静，这些道路就不会引起人们的悲痛，直至今日，它们依然友善地邀请路人追忆沉思。

清新的柏树掩映着坟墓，死亡的阴影并不冰冷。殡葬园开满鲜花，碑文和浮雕在阳光下歌颂着官员与百姓曾经的辉煌。商店、旅馆、豪华的乡间别墅与坟墓间杂并处。生命似乎在与死亡游戏，或者更确切地说，是死者渴望在来世找到前世生活的乐趣。

"最荒谬的事情是：人一生都在想方设法充实自己的房子，
却对要居住更长时间的房子漠不关心。"

—— 佩特罗尼乌斯《萨蒂利孔》

死者崇拜造就了大量陵墓建筑

通过墓地，我们发现了活人社会及其等级制度，包括贵族阶层，这些等级的差异在墓地依然延续。

在那壮观的陵墓里，名人们并不孤单，里面有一个个小室，安放着他们父母的尸骨，围墙内还葬着一些身份卑微的人，这些名人们由他们抚养长大，与他们同甘共苦。而对于奴隶或自由民而言，一个双耳罐或是一个普通的骨灰瓮就足以容纳他们的遗骸，双耳罐或骨灰瓮的开口处放一块带圆孔的砖，可以用来浇酒献祭。他们的墓碑，有时候是用大理石刻成奴隶的脸的形状，装饰着利维亚的一个奴隶的辫子，雕像能让人想起这名仆人的名字。死的宁静平等地统治着死者与生者，在这个奴隶制社会里，死亡无视阶级分别。

陵墓建筑的风格千差万别。其中有些因其威严而引人注目：在赫库兰尼姆门的墓地上，耸立着伊斯塔西蒂纪念建筑，一座两侧有半柱的圆形神庙，神庙的屋顶由爱奥尼亚式柱子组成，里面安放着家庭成员的雕像。鱼露的制造商，富有的斯考卢斯，他的陵墓建筑风格受到圆形剧场比赛的启发，上面装饰有角斗士和狩猎动物的场景。

在陵墓的碑文上，每个人都能读懂这座城市的历史。墓地是过往辉煌的宝库。

诺切拉门附近的墓地里有几座由女性为纪念丈夫而建造的陵墓：例如巴齐拉为普尔喀建造的陵墓，或是宏伟的欧马齐娅室外座椅。在赫库兰尼姆门附近的墓地中，也有提刻为丈夫建造的陵墓，上面装饰着浅浮雕，雕刻着一艘进入港口的船。

公元 79 年 8 月 24 日，火山喷发为庞贝带来了死亡

我们无法忘记公元 79 年的夏天，死者们被埋葬在庞贝城这座雄伟豪华的坟墓里，上面积着 3 米厚的火山灰和沙石。

还有什么能比 1961 年在诺切拉门附近发现的死亡事件更令人心酸呢？3 个家庭聚集在一个屋顶下，躲避火山石，继而又躲避夹杂着火山灰的暴雨的侵袭。他们试图逃跑，却在路上丢了性命。一个女人跪在地上，用布捂住嘴，防止受到致命烟雾的伤害。她的丈夫在临死前，眼睁睁地目睹了妻子牵着孩子，在自己面前死去。

TÉMOIGNAGES ET DOCUMENTS

资料与文献

坎帕尼亚地震

拉丁哲学家塞涅卡是尼禄的导师，他以《道德书简》而闻名，在《道德书简》中，他专注于灵魂的知识。在他生命的最后阶段，他依然对自然及自然现象的相关知识感兴趣。他的《自然问题》是一部关于自然现象的科学百科全书：书中描述了公元 62 年那场摧毁了庞贝许多纪念建筑的地震。

庞贝，坎帕尼亚的一个社会化城市，是两条海岸线的交界点：一边是索伦托（Sorrento）和斯塔比亚（Stabia），另一边是赫库兰尼姆。它们围成一个美丽的海湾，把城市和外海隔开。据我们所知，这个小镇在隆冬时节遭遇了地震，还波及了整个周边地区。人们一度确信，这个季节不会再发生这样的危险。到了 2 月 5 日，在雷古勒斯和维吉尼乌斯担任领事时，坎帕尼亚遭遇了大地震的袭击，这片地区常常会发生地震，但以往没有造成过什么损害，只是留下了一些惊吓。

这次的灾难却相当严重，赫库兰尼姆城的部分地区倒塌了，幸免于难的人心有余悸，那些没有受到严重影响的地方也有理由抱怨。那不勒斯只受到轻微的影响，对个人造成了损失，别墅倒塌了，但对城市没有什么影响。其他的地方虽然没有受到损害，但都感受到了精神上的冲击。除此以外，还有

其他影响：600头羊丧生了，雕像从中间裂成两半，人们恐慌地四处乱跑，像疯了一样。

现在，我们来探讨一下地震的原因：这不仅是本书的目的，也是这次偶然事件对我们的要求，偶然性赋予了作品真实性。因为发生了这次偶然事件，我们必须设法安慰烦恼的心灵，使他们摆脱恐惧。这种恐惧是自然产生的，因为世界本身在震动，如果我们所知道的最坚固的东西都在震动，那还有什么是足够稳固的呢？如果宇宙中唯一静止和固定的、承载着所有事物的部分也开始产生波动，如果土地都失去了它特有的稳定性，我们将在哪儿平息我们的恐惧呢？生物们将何以为家呢？如果恐惧出自他们脚下的土地深处，他们还将到哪里摆脱痛苦呢？当房子损坏、倒塌，每个人都疯了，每个人都冲出去，离开他们的家园，把信任寄托给公共领域，但是，如果地球本身正处于毁灭的危险之中，我们还指望什么庇护和帮助呢？如果这片庇护我们、承载我们，让我们在上面建造城市，作为世界根基的土地裂开了、动摇了，那该怎么办？

塞涅卡
《自然问题》第6卷

从这个浅浮雕中，我们可以看出公元62年地震对庞贝各种纪念建筑的影响。图中我们可以辨认出朱庇特神庙。

公元79年8月24日，庞贝

　　小普林尼是图拉真皇帝（公元97—117年在位）的朋友，也是驻扎在米塞尼的地中海舰队司令老普林尼的外甥。他这位舅父是个博学多才的人，为世人留下了37本博物学书籍。小普林尼以写作天赋而闻名，他在公元104年给历史学家塔西佗（约55—120）写了两封信，信中，他叙述了他的舅父在斯塔比伊海岸的结局，以及他这个17岁的年轻人留在米塞诺角（Miseno）的感受。这些叙述都能反映庞贝人的生活及其在公元79年8月24日的经历。

小普林尼的肖像。

　　他（舅父）在米塞诺角，亲自指挥舰队。罗马历9月的前9天（即8月24日）的大概第7个小时（下午1点），我母亲告诉他，天上出现了一片异常巨大的云。他先做了日光浴，然后又洗了冷水浴，吃了一点东西，躺下工作。他要来了鞋子，走到最容易观察这个异象的地方。一朵云从远方飘了过来（那时我还不知道它是从哪座山飘来的，后来才知道是维苏威火山），它看起来就像一棵松树，伸展出很长的树干，在空中又往四周伸展出树枝。我认为它是被最近的一股气流吹来的。然后，当那片云孤零零地落下来的时候，可能是因为气流消失了，也可能是因为被自己的重量压倒了，它随着膨胀而消失了，有时变成白色，有时变成灰色且有斑点，取决于它夹杂着灰烬还是泥土。

这个现象对我舅父来说似乎很重要，值得进一步研究。这是一个科学家的正常态度。他武装了一艘利布尔尼亚式的大帆船（有两排桨的轻型战船），并说如果我愿意，他允许我跟他一起去。我回答说我更想留下来学习，因为他之前给我布置了任务。当他收到卡斯科斯的妻子雷克蒂娜的消息时，就离开了家。当时，雷克蒂娜被面前的危险吓坏了，事实上，她的别墅就在火山山脚下，她只能从海上逃走，她请求舅父把她从可怕的命运里解救出来。我舅父听了便改变了主意，他最初是出于对科学的热爱，现在是出于高度的责任感才这么做的。他登上帆船，自己出发，决心不仅要拯救雷克蒂娜，还要拯救许多人（确实有许多人因为海岸边比较便利而逃到了那里）。他急急忙忙地奔赴其他人逃出来的地方，直奔险境，他是如此无畏，以至于灾难的所有阶段、所有方面，只要他亲眼看到，他就口授他人或自己记下来。

已经有灰烬落在了船上，当他们靠近时，感受到了更温暖，也更浓厚的气息。可以看见油灰石还有黑色鹅卵石在火焰的烧灼下爆裂。有一块石头冒了出来，崩塌的岩石拦住了海岸。他犹豫了一会儿：要回去吗？

他对给他提建议的领航员说："命运眷顾有勇气的人，把你的目光投向庞波

与此同时，维苏威火山在几个地方喷出了巨大的火柱，这些火柱的明亮光芒照亮了黑暗的夜晚。

尼亚努斯（Pomponianus）的住所。"他的朋友庞波尼亚努斯住在斯塔比伊，与那里隔着半个海湾（实际上，当时海岸线已经几乎变成直线）。灾难还没有波及那里，但眼看着就要到达，庞波尼亚努斯已经把行李带上了船，准备等逆风一停就逃走。这股猛烈的顺风推动着我舅父，他拥抱了颤抖的朋友，安慰他，鼓励他，为了用信心减轻恐惧，他下楼去洗澡。洗完澡后，他坐在桌子旁，兴高采烈地吃东西，或者说，他装作兴高采烈。

在这段时间里，维苏威火山有几个地方都喷出了非常宽的火焰和巨大的火柱，明亮的光芒因夜晚的黑暗而显得更加明亮。但我的舅父为了平息大家的恐惧，反复地说，这是农民们匆忙间放的火，或者说他们留下的别墅烧了起来。然后他全身心地休息，睡了一觉。他的呼吸很深，声音很大，经过他门口的人都能听到。但是通往他房间的院子里已经堆满了火山灰和浮石，它们越来越高，如果他在房间里再待上一段时间就出不来了。

他醒了，站了起来，加入了庞波尼亚努斯和其他彻夜未眠的人的行列。他们一起商量：我们应该待在屋子里还是出去？事实上，由于频繁的大地

没有什么能抵挡灰烬雨。在房屋、神庙背后，是庞贝人喜爱的埃及女神伊西斯的神庙。

震，房屋已经摇摇欲坠。他们的根基动摇了，想法摇摆不定。在户外，人们害怕会有浮石掉落，不过它们轻而且多孔。比较两种危险之后，他们选择了出去。对我舅父而言，是选择了更合情理的做法，对其他人而言，则是害怕更大的危险。他们用细麻布把枕头固定在头上，以免受到坠落物的伤害。

到处都已经天亮，但这里还是黑夜，而且比所有的黑夜都更黑暗，更无法穿透。然而，无数的辉光和灯光让黑夜变得柔和了。大家打算到海岸去，看看有没有可能从海上逃生，但那时直到现在，海上一直巨浪翻腾，充满危机。我舅父只好在岸边铺开一张布，在上面休息，他不断在问有没有干净的水喝。之后，火焰和硫黄的气味卷来，他的同伴们纷纷逃跑，他醒了过来。他扶着两个年轻奴隶站了起来，但又倒下了。我猜那时浓烟已经堵住了他的喉咙，阻碍了他呼吸，因为喉咙这个器官天生就脆弱、狭窄，经常被挤压。天终于亮起来以后（那是他最后一次看见白天的三天后），他的尸体被发现了，完好无损，还盖着他离开时穿着的衣服。他的神态看起来更像是在休息，而不像一个死人。

在上一封信中，我应您的要求，向您报告了我舅舅的死讯，现在您来信说

1771 年 5 月 11 日，维苏威火山再次喷发。英国大使威廉·汉密尔顿热衷于观察火山，画了许多水彩画。

您想知道他把我留在了米塞诺角（事实上我不知不觉就已经到了那里）后，我经历了什么样的恐惧，甚至是什么样的危险。

虽然我一想起就心惊胆战，但我还是要开始向您述说。

舅父走后，我把剩下时间都花在了学习上（事实上我一直都在学习），我很快就洗过了澡，吃完晚饭，又睡了一会儿。许多天以来，就好像警告信号似的，坎帕尼亚陆陆续续出现了几次没那么可怕的地震，觉得不那么可怕是因为大家都已经习惯了。但这天晚上，地震加剧了，不久后，一切事物已经不是在颤动，而是开始转圈。我妈妈冲进我的房间，我也站了起来，本想着如果她睡着了我就去叫醒她。我们在院子里坐了下来，那是大海和屋子之间的一个小地方。我不想评价自己是谨慎还是鲁莽（我当时才 18 岁），我要了一本生动有趣的书，就好像平时闲暇时候一样读了起来，甚至做了总结，毕竟已经起了个头。我舅父一个从西班牙回来的朋友来看他。当他看到我和妈妈坐在一起，我还在读书时，他责备我太迟钝，不顾后果。但我仍然怀着同样的热情专心致志地读书。

已经到了白天的第一个小时，此时光线暗淡，建筑物已逐渐开裂，尽管我们身处露天，但所处的地方太狭窄，我们担心一旦发生倒塌，我们也不能避免巨大的危险。直到那时我们才决定离开这个城市，一群人惊慌失措地跟在后面——在恐惧中，人们更喜欢听从他人的决定，而不是自己的想法。于是我们身后形成了一支庞大的队伍。

越过建筑区域后，我们停了下来，但在那里遇上了许多意外。尽管地面很平坦，但我们的马车常常滑到相反的方向，就算用石头卡住轮子，它们依然不能停在原地。此外，我们还看见海水在后退，好像被地震推动了一样，海岸往大海的方向延伸，许多海洋生物留在了干燥的沙滩上。在另一边，一团鲜红而可怖的云被"之"字形撕裂，上面闪烁着忽明忽暗的火焰，展开了一道焰光，像闪电一样，但比闪电更大。

但是这时，这位西班牙朋友却更亢奋、更咄咄逼人。"如果你哥哥，"他说，"如果你舅父还活着，他会想来救你，如果他死了，他会希望你活下来。所以你为什么迟迟不跑呢？"我们回答说，如果我们不确定他的安全，我们就不会自己逃命。他没有再犹豫，离开了我们，在狂奔中逃离了危险。不久之后，云层降落到地面上，覆盖了大海。云层包围了卡普里岛（Capri），把它从视野中隐去，也掩盖住了米塞诺角。然后我的母亲向我祈祷，劝告我，命令我想尽一切办法逃跑：她认为我还年轻，而她岁数大了，身形也沉重，她不想连累我也死去。但我回答说，我只会和她一起逃走，然后我拉着她的手，催促她快点跑。她不情愿地答应了，并埋怨自己耽误了我的时间。

这时，灰烬开始从天上飘落，但依然稀疏。"我们还是绕道吧，"我说，"趁我们还看得见，不然要是在路上打滑，在黑暗中会被和我们一起逃跑的人压死。"我们一坐下，就已经是黑夜了，不是乌云密布时看不见月亮的夜晚，而是所有光都熄灭的密闭的黑夜。女人的抽泣、婴儿的啼哭、男人的呼叫，有人叫着寻找他们的孩子和妻子，试图通过声音认出他们。有人哀叹自己的不幸，有些人因为害怕死亡而召唤死亡，许多人在哀求神灵来拯救。不止一个人解释说，任何地方都没有神，这个永恒的夜晚是世界上最后的夜晚。

世上总是不缺乏用谣言来增加恐怖的人。有人说一幢大楼倒塌了，还有一幢正在燃烧，这是假的，但还是有人相信。一道微弱的光再次出现，这似乎不是日光，而是火正在逼近的迹象。至少

维苏威火山爆发。

火势没有蔓延得很远。然后，又是一片黑暗，又是一片浓厚的灰烬。我们会时不时站起来抖落身上的灰烬，否则我们就会被盖住，甚至被它的重量压垮。我可以夸口说，在如此巨大的危险中，我没有冒出过一声呻吟，没有说出过一句胆怯的话，我想，我和一切一起毁灭，一切也和我一起毁灭，尽管这种想法没有给我半点安慰，很痛苦，但弥足珍贵。

最后，黑雾像烟云一样消散了。不久后，真正的日光终于照耀大地。但它是青灰色的，就像日食的时候。我的眼睛还在颤抖，一切都不一样了，一切像落了一层雪一样，覆盖着一层厚厚的灰烬。回到米塞诺角，我们尽己所能地恢复体力，在希望和恐惧中度过了一个不安的夜晚。恐惧占了上风。事实上，土地仍然在颤动，大多数人被可怕的预言所迷惑，嘲弄着自己和他人的不幸。但在那时，尽管我们已经从经验中明白了危险，并料定它会再次来临，我们也没有打算离开，直到知道了我舅父的消息。

这些都是不值得载入史册的事件，不应被写进您的作品。如果您发现这些事不值得我写一封信，您会为来信向我了解它们而感到自责。再见！

小普林尼《致塔西佗》

庞贝的先驱

　　普鲁士鞋匠的儿子约翰·约阿希姆·温克尔曼自学成才，对文物充满热情。1757年，他被派往罗马，成为一名受人尊敬的"古文物研究者"。1762年，他发现了赫库兰尼姆和庞贝的发掘工作，并谴责他们组织不当。

Ioh. Winkelmann.

　　埃尔伯夫王子在离他房子一段距离的地方挖了一口井，引出了一个考古发现。这位君主为居住而建造的房子坐落在方济会修道院后方尽头，靠近大海的火山岩上。之后转给了那不勒斯的法莱蒂家，当时在位的西班牙国王又将其买下，供自己在这钓鱼娱乐。这口井是在奥古斯丁花园附近挖的，要挖这个井，他们必须贯穿火山岩。工作一直持续，直到他们在维苏威火山的灰烬下找到三尊披着斗篷的女人的巨大雕像。奥地利总督命令把雕像带到罗马，

那不勒斯的国王们在波蒂奇的宫殿附近建了一座博物馆，在里面庄严地展出了在赫库兰尼姆发现的古文物。

在那里修复好，然后交给了欧根亲王。欧根亲王把雕像安置在维也纳的花园里。……

　　这一发现给了他们继续挖掘的理由，他们有 30 年没有为此操心过了，结果主张和平统治的西班牙国王来波蒂奇（Portici）度春假时发现那口井还在那儿。在国王的命令下，他们继续搜寻，直到发现了建筑物的痕迹。大剧院是第一个被发现的，我们还能看见穿过火山岩的那口井，它落在了大剧院的中央，大剧院只能通过这口"窗"看见阳光。铭刻着赫库兰尼姆城市名称的铭文也被发现，这使人们明白了他们在挖掘的是什么，于是他们继续地下发掘工作。

　　这项工作被委托给了一位西班牙工程师，名叫罗奇·约阿希姆·阿尔库维雷（Roch Joachim Aleubierre），他曾经追随国王，现在已经是那不勒斯工兵团的上校和团长。这个人，他对古文物的了解，正如意大利谚语所说，就像月亮了解小龙虾那么多。就因为他缺乏才能，损失了许多珍贵的文物。一个简单的例子可以作为证据：我不知道是在大剧院还是在另一个建筑，人们发现了一块很大的公共铭文碑，上面的字母是青铜制成的，每个字母都有两个手掌高。他没有先抄写碑文，就叫人把这些字从墙上抠下来，乱七八糟地扔进一个篮子里，在一片混乱中呈给国王。有人问这些字母是什么意思，没有人能回答，于是这些字母就在柜子里放了好几年，每个人都可以按照自己的想象来排列它们，有人认为应该拼成"IMP. AUG"。我后面还会说到，这个工程师命令他们怎么对待那辆四匹马的青铜战车。

　　幸而，罗奇及时升职了，监督发掘工作的任务就交给了一个名叫查尔斯·韦伯的瑞士人，他现在已经是少校了。正是由于这个聪明人，我们才有了后来所取得的一切成果。他做的第一件事是为所发现的地下管道和建筑物绘制一份精确的平面图，并在里面添加了对整个发现进展的详细说明。他的所作所为让整个计划一目了然，尽管仍然覆盖着泥土，但我们已经能清清楚楚地看见这座古城。建筑物内部、公寓和花园，每一件物品的发掘点，都一览无余，就像这座古城重见天日了一样。但这些计划没有向任何人展示。

《温克尔曼书信集》

巴黎，1784 年

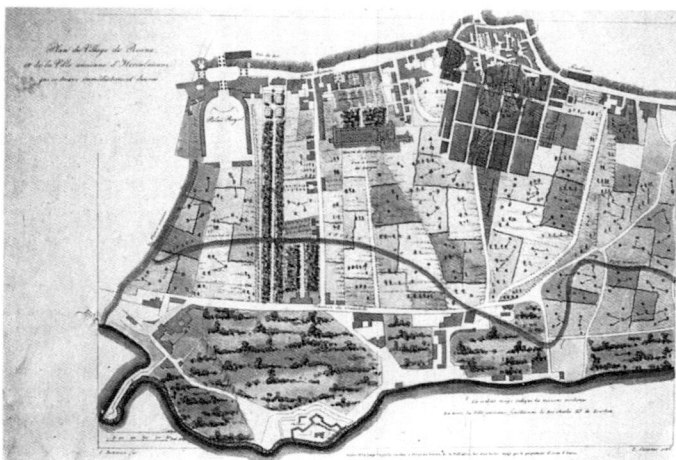

赫库兰尼姆平面图。

赫库兰尼姆发掘工作的成功促进了其他地方的研究。古老的斯塔比亚的真实情况很快变得清晰起来。在庞贝,人们发现了巨大的圆形剧场的遗迹,它坐落在一座山上,从地面上一直可以看到。他们在这两地挖掘,但在庞贝的开支远远没有在赫库兰尼姆的大,因为那里没有火山岩阻碍。没有任何地方的发掘工作能比庞贝更让人充满信心了,因为人们确信在一个大城市一步一步地走总会走到主干道,它的方向在一条直线上。尽管肯定能找到祖先所不知道的宝藏,工程的推进却尤其懒惰和缓慢。即使算上阿尔及尔和突尼斯的奴隶,所有地下场所的工作人员加起来也只有 50 个人,我在上次旅行中发现只有 8 个人在工作,目的是挖出一个像庞贝这样巨大的城市。

挖掘的方法是这样的,为了不遗漏任何一寸地面,工人们先沿着直线挖一条沟,推进的时候,先在右边以各边 6 掌长为标准挖掘出一个个立方体,挖掘完右边的土地后,再在左边挖掘出同样大小的立方体,把新挖出来的立方体放到另一边的空间里,以此类推。据观察,使用这种方法不仅可以减少开支,还可以用这种石块支撑上层土地。

我知道,陌生人或游客在路过时可以看到这些工程,也会仔细观察,他

发掘赫库兰尼姆。

们会觉得不应该全填起来，否则就看不到我上面说的那个计划里的赫库兰尼姆城的全貌。责备宫廷和工程负责人的糟糕品位吧，但这只是基于第一印象的判断，而不是基于对这个地方的性质或其他情况的理性考察。

⋯⋯⋯⋯⋯

那些想看到发掘出的完整房屋的人，可以去庞贝，但他们又疲于跋涉，只有英国人才愿意下这个决心。在庞贝的发掘中，可以不用担心破坏土地带来的任何风险，因为这个城市土地贫瘠。的确，这个地区从前出产最美味的葡萄酒，但今天的葡萄园已经十分贫瘠。即使在发掘中整个摧毁了也不会对这个国家的经济造成什么损害。

⋯⋯⋯⋯⋯

观察发掘工作中的管理细节，可以看出我们现在漠不关心的态度一定能留下一片尚待发掘的美好领域，让我们的曾孙辈还有工作可做。

《温克尔曼书信集》

巴黎，1784 年

赫库兰尼姆的现状

考古学家、作家和雕刻家凯吕斯伯爵（1692—1765）对赫库兰尼姆和庞贝的发掘充满热情。和温克尔曼一样，他不支持那不勒斯宫廷对考古发掘工作遮遮掩掩的态度。他还把温克尔曼的小册子翻译成法语并派发给大家，从而加剧了君主们对外国人的反感。

在赫库兰尼姆发现的所有这些文物都被收藏于西西里陛下在波蒂奇的宝库里，受托保管这些珍宝的人，忠心耿耿地听从这位亲王的命令，不许做任何记录，并且戒备森严，毫不松懈。因此，我们只能用脑子去记忆，为了记住重要的部分，只能忽略掉一些细节。大家可以通过波蒂奇宝库中这些文物的整体状态来做出判断。

宝库里面大约有700件绘画作品，350尊不同大小的雕像、半身像，各种铭文，有的是青铜的，有的是大理石的。有700个形状大小不一的花瓶，几乎都是青铜的，而且大多数是供人使用的。还有大约20个青铜三脚架，大约40个相同材质的灯座或烛台，上面放着给公寓照明的灯。有800份手稿，以及600件其他物品，如灯、乐器、戒指、手镯、项链、镜子等。

我所谈到的所有这些青铜或大理石

庞贝青铜器（本页与下页图）。

的小雕像，今天几乎在所有文物展览里都能看到。这些雕像只有在外形优美，或是反映出古代神明的特征，或是反映了知名人物的言行或作品时，才值得我们注意。比如有几座小半身像，上面刻着伊壁鸠鲁、泽农、德摩斯梯尼和伊壁鸠鲁派哲学家赫马库斯的名字。真人大小的雕像大约有40个，其中大约一半是青铜的，其余是大理石的。

…………

维苏威火山喷发的时候，赫库兰尼姆居民似乎有逃离危险的时间余裕，得以挽救他们的大部分财产。这就是为什么在那里没有发现黄金首饰，只发现了很小的银瓶，其余大多是青铜雕像。雕像整体看来都轮廓优美，做工精良。这些物品的装饰花样百出，制作非常精巧：有的在花瓶的边缘或颈部镶嵌了一圈银叶子，有的以一些互相缠绕的小人形取代把手——这些大多数是外形上近似于水壶、碗、碟子的器皿。一些古董商为了抬高自己商品的价格，想让自己的商品显得更高贵，便把这些普通人家的用品说成是祭祀器皿。但根据每天从赫库兰尼姆中发掘出来的这些器皿的数量，它们显然仅仅是为了生活而设计的。不过，人们对它们的重视也可以证明，希腊人的品位不仅限于伟大的作品，还延伸到最普通的物品上。有一组文物值得

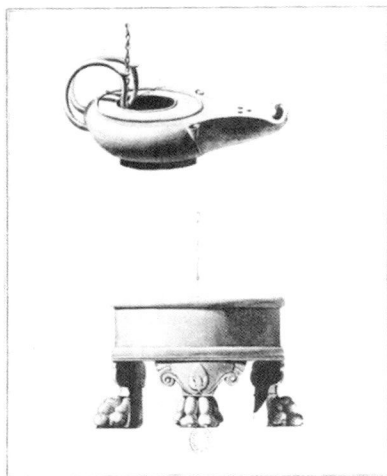

注意，它的各个组件尺寸不同，两只青铜脚的尺寸尤其突出，约28厘米长。

有一个面包也很让人好奇，上面有一段文字，即使能没有障碍地检查也几乎看不见，现在盖上了玻璃罩，能看见的就更少了。这段文字包含两行字，在第二行里似乎有一个拉丁文单词，意思是鹰嘴豆，似乎是应监督部门要求，每个面包都要标明使用面粉的种类。

要说完所有在赫库兰尼姆出土的文物可能需要好几篇文章，这里我只讨论最重要的部分：手稿。为了对手稿有更好的认识，你需要想象一张大约30厘米宽的纸条。几行文字沿着这张纸条的长边分布，每行分开一定间隔，文字从右往左排列。然后把纸条以这样的方式卷起来：当打开的时候，第一页在眼前，最后一页卷在最里面。赫库兰尼姆的手稿是在一座尚未发掘的宫殿

在赫库兰尼姆的纸莎草别墅中发现的希腊文手稿。

的房间里发现的，它们用埃及纸制成，像煤一样黑。有很长一段时间，他们都不知道如何把这些手稿展开，犹豫了好久，他们才决定像沿着轴剖开一个圆柱体一样，把这些手稿剪开。这种操作能清晰地展现出文字，但整份手稿就损毁了。因为这些纸一层一层地紧紧粘在一起，强行分开只会碎成粉末，人们只能通过这种方式，在大概一百页纸中保留一页。

遇到这种情况后，出现了一个勤奋而有耐心的修士，他提出了一个可以完全展开手稿的方法。他花了很长时间，做了很多试验，终于成功了。他以同样的慢条斯理成功地解开了手稿，他先找手稿的外边缘，系上几根丝线，把丝线盘在一个小框架的几个角上绕圈，然后他小心地转动这些角，手稿就不知不觉地展开了。不用指望最开始的几层纸，因为它们已经被撕破或者已经腐烂了，必须达到一定的深度，到达手稿中只被烧黑的部分。当你成功地展开了几页后，把它们剪下来，粘在画布上。要展开一份手稿需要几个月的时间，自从他们开始着手这项工作，到现在也只保存了一部希腊式音乐作品的最后 38 栏文字，这部作品是一个叫菲洛迪奥罗斯（Philodiorus）的人创作的，在斯特拉波（Strabon）和其他古代作家的作品中都有记载。幸运的是，他的名字和书名就在手稿的末尾。38 栏文字中有几处小裂缝，但总的来说，字写得很漂亮，很好阅读。

我们还展示了另外两栏希腊手稿，它们是我们还不会解开手稿的时候剪开的。两者似乎都是一篇哲学论文的一部分。我看得最仔细的一篇有 28 行，我记住了其中的 23 行，不久我就要将它们送到学院去。我还试图记住字母的形式和每行包含的数字，我相信我没有记错。

凯吕斯伯爵

那不勒斯，1787 年 3 月 11 日星期日

意大利之旅

从 1750 年开始，艺术家和作家开始探索意大利，寻求多样的风景和古典的记忆。德国人例如歌德，法国人例如司汤达和丹纳（Hippolyte Adolphe Taine），美国人如马克·吐温，都带来了图像、研究和印象，让我们更了解这个时期，并领略到他们个人的感性。

陪同歌德前往意大利的画家蒂施拜因画下了这幅歌德的肖像，作为古代世界之旅的纪念。

那不勒斯，1787 年 3 月 11 日星期日

那次，我和蒂施拜因（Johann Wilhelm Tischbein）一起坐车去庞贝，我们看到所有壮丽的风景在我们道路的两旁伸展，这些风景是我们从许多绘画中熟知的，现在正不绝地绽放光彩。庞贝的狭小出乎我们意料。街道狭窄而笔直，两边都是人行道。房子很小，没有窗户，房间只能通过朝向庭院的门和露天走廊来采光。即使是公共建筑、城门附近的长椅、神庙，还有附近的别墅，也小得更像是玩具模型和娃娃屋，而不像建筑物。

但这些房间、过道和走廊都装饰着最令人愉悦的画作。各个墙面协调一致，中央有一幅刻画细腻的壁画，现在往往都分成了几块。在墙边墙角常常装饰着轻巧精致的藤蔓花纹，有时上面还会延伸出孩子和仙女的形象，还有一些地方可以看到茂密的花纹中出现野兽或

家畜的图案。现在，整个城市呈现出一股荒凉寂寞的气氛，它最开始被石头和灰烬雨所覆盖，后来又被人发掘掠夺。我们从中感受到了所有市民对艺术的热爱，这种观念、感受或需要，现在即使在最狂热的业余爱好者中都找不到。

如果我们考虑到这里和维苏威火山之间的距离，我们会发现火山灰不可能被抛射到庞贝的这个位置，也不可能由狂风把它刮来，我们只能想象这些石头和灰烬是像云一样在空中飘浮了一段时间，然后才能落到这个地方。不幸的城市。

如果你想得到一个对庞贝更贴切的认识，可以想象一个被雪掩埋的山村。建筑物之间的空间，甚至是倒塌的建筑物本身，都被雪填满。但是这座山总有一天会用来建设葡萄园或花园，园主们为求得丰收，奋力耕耘，于是这些墙体部分从地面上露了出来。然后他们就发现了几个空房间，在其中一个房间的角落发现了一堆灰烬，灰烬里藏着各种各样的小型家用物品和艺术品。

我们在岸边一家朴素的小客栈的棚架下简单地吃了一顿，洗涤了这座木乃伊般的城市给我们留下的古怪、有点不愉快的印象，我们欣赏着蔚蓝的天空和明亮的大海，渴望在这里再次发现自己。当葡萄树的叶子重新生长茂盛，我们将一起欢庆。

歌德
《意大利之旅》

那不勒斯，1787 年 3 月 18 日

　　我们迫不及待想参观赫库兰尼姆以及波蒂奇的考古发掘博物馆。这座古老的城市坐落在维苏威火山脚下，完全被熔岩覆盖，由于火山连连喷发，熔岩水平面上升，建筑物现在处于地下约 18 米的位置。人们挖井时挖到了大理石路面，然后就发现了这座城市。非常遗憾的是，德国的挖掘工人没有很好地进行挖掘，而是以掠夺为目的，随意挖掘，损坏了不止一件珍贵的古代文物。我们沿着六十度的平面往下走，来到一个地下空间，借着火把的光亮，我们惊奇地凝视着曾经露天耸立的剧院，在那见到的一切都曾照耀在日光之下。

　　因为有很好的推荐信，我们在进入博物馆时得到了很好的招待，但我们也不被允许做任何笔记。也许我们因此更全神贯注地观察了，并更加敏锐地回顾了那个已经消失的时代，这些物品在那时到处都是，供人日常使用和娱乐。在

那时，庞贝的小房子在我心中变得更狭窄，也更宽敞了。更狭窄，是因为我想象它们装满了这些珍贵物件；更宽敞，是因为这些东西不只是因为生活需要才出现在那里，还因为它们以巧妙又迷人的造型对环境进行装饰，使人们心情愉悦，并以一种最宽敞的房子也无法做到的方式扩展了它的外延。

例如有一只外形出众的水桶，有着特别优美的上边缘。仔细观察会发现，这种边缘出现在两边，把两个半圆像把手一样握在一起，就能以最便利的方式搬运这个容器。灯具则根据灯芯数量的不同，在灯上装饰面具或花环，让每盏灯都照亮一件真正的艺术品。用又高又细的青铜支架来承载灯，上面悬挂着各色幻想人物，这些悬挂物会随风晃动，这种设计甚至超过了原本的娱乐目的。

怀着再次来访的希望，我们跟随看守人从一个房间到另一个房间，在有限的时间内尽可能地遵从指示、享受乐趣。

歌德
《意大利之旅》

那不勒斯，1817 年 3 月 5 日

我正要离开波蒂奇的古代绘画博物馆时，发现有 3 个英国海军上尉准备进

根据司汤达对庞贝绘画的评价，我们可以发现他对意大利的风土人情比对古文物更感兴趣。

来。博物馆里有 22 个展览厅。我正赶往那不勒斯，还没到马达莱娜桥时，那 3 个上尉就来了。他们告诉我那些画很出色，是宇宙中非常奇妙的东西之一。但他们在那只参观了三四分钟。

这些在学者眼中如此重要的画作，是从庞贝和赫库兰尼姆转移出来的壁画。没有明暗关系，用的颜色很少，勾画很多，风格轻松缓和。我很喜欢俄瑞斯忒斯和伊菲革涅亚在陶里德的画作，还有年轻的雅典人感谢忒修斯从牛头怪手中救出他们的画作。这些画中有许多朴素而高贵的内涵，并且不具有任何戏剧性，看起来就像多米尼加画中较差的那些。这些古老的壁画装饰了赫库兰尼姆的一间浴室。在大量小壁画之中，有五六块大的，是拉斐尔的杰作《圣塞西莉亚》，你会发现庞贝画作中出现的错误不会出现在他的作品上。你得像科学家那么愚蠢才会说这些画比 15 世纪的画要好：这种心态是出自纯粹的好奇。

司汤达

《罗马、那不勒斯和佛罗伦萨》，1817 年

那不勒斯博物馆

庞贝和赫库兰尼姆的大部分画作都被运往那不勒斯博物馆。这些画只是公寓的装饰品，几乎不用透视法，黑暗背景里有一两个人物，有时是动物，有一些小风景、几个建筑物，很少色彩。画作的色调很暗淡，潮湿而磨损，但不仅仅是因为老化（我见过新出土的画作），还因为人们的偏好。画作放在这些昏暗的公寓里，不太引人注意，但画中人物的身材和精神都让人感到愉悦。他们在诗意、健康、积极的生活图景里培育了人的精神。这些画比最有名的那些画（例如文艺复兴时期的画）更让我愉悦，因为它们更自然也更有活力。

有趣的是，画作主题通常是一个将近裸体的男人或女人抬起胳膊或腿。还有马尔斯和维纳斯、寻找恩底弥翁的戴安娜、阿伽门农领着布里塞伊斯，以及其他诸如此类的舞者、半人半羊的农牧神、半人马、掠夺女人的战士——那个

丹纳所说的其中一幅壁画的主题：阿喀琉斯心爱的年轻俘虏布里塞伊斯被阿伽门农绑架。

女人如此舒适，又如此疲惫！这就够了，因为我们感觉到他们美丽而快乐。在你看到它们之前，你很难想象一个从空中飞过来的女人能有多迷人，想象不到能有多少种掀起面纱、飘起外衣、伸展大腿、露出乳房的方式。他们有一种即使是文艺复兴时期的画家也没有的独特运气：生活中不需要那么多礼仪规矩，在浴场里、圆形剧场里，时时刻刻都能看到披着斗篷的裸体，此外还要锻炼身体，培养力量和速度。他们谈起美丽的胸部、长短得当的脖子、结实的手臂，就好像我们谈起表情丰富的脸和剪裁精良的裤子一样。

丹纳
《意大利之旅》，1865 年

在赫库兰尼姆和庞贝的几天

  首先给我留下印象的是灰色与红色混杂的城市，它大半遭到损毁废弃，石山上堆满石头，一排排厚实的墙壁、蓝色的石板，在耀眼的太阳底下反射着白光。四周是海、山和无限的视野。

山顶上有正义神庙、维纳斯神庙、奥古斯都神庙、墨丘利神庙、欧马齐娅楼和其他尚未完工的神庙。远方的高处还有尼普顿神庙。他们把所有神都安置在山顶上，被洁净的空气笼罩着，而这种空气本身就是神迹。隔壁是广场和会堂，一个需要深思熟虑、做出牺牲的美丽地方！你可以看到远方雾气缭绕的山脉，宁静的树顶，在东方充满阳光的金色薄雾下，是具有优美形态的树木和多样的文化。我们转过身，不需要多少想象力就能在脑海中重建这些庙宇。这些柱廊，这些科林斯式柱头，这些简约的布局，这些被大理石柱分隔开的天蓝色嵌板，这种从小看到的景象，在心灵上留下了多么深刻的印象啊！那时的城市是真正的家园，而不像今天的城市是一堆带家具的旅馆组成的行政单位。

…………

所有这些街道都很狭窄，大多数都是可以一步跨过的小巷。大多数情况下，他们只会留空间给大车行驶，那些车辙现今依然可见。路人不时像过桥一样在大石头上走过。所有这些细节都展现出和我们不一样的生活态度。很明显，我们在这里不会看见我们城镇里那种繁忙的交通：满载着货物的沉重马车，飞驰而过的载人马车。他们的大车带来了谷

丹纳（1828—1893）在 19 世纪 60 年代发现了意大利。作为历史学家，他盘点了他们的时尚、爱好和偏见，试图将人物和名胜置于其历史背景中。

物、石油和粮食，还有很多东西仅靠自己徒手搬运，或借助奴隶搬运。富人可以坐轿子。他们的享受更少，也和我们不同。

············

几乎每个地方的房子中央都有一个和客厅一样大的花园，花园中央是一个白色的大理石盆，被柱廊围绕在中间，盆中喷泉汩汩地喷涌着。还有什么比这更迷人，更简单，更适合度过炎热时光的呢？白色石柱间绿树成荫，红色的屋瓦与蓝色天空互相映照，花丛中有潺潺流水，晶莹的水珠隐隐闪烁着光芒，猛烈的阳光下门廊的影子投在墙上。难道还有更好的地方，能让我们的身体好好生活，健康地梦想，舍弃端庄举止或精致时尚，尽情享受大自然和生活中最美丽的东西吗？

有的喷泉的边缘绕了一圈狮子头、欢乐的小人、小孩、蜥蜴、猎犬和动物群的图案。最大的那座房子，也就是迪奥梅德的宅邸，在一个大门廊的方形围墙内长着橘子树和柠檬树，大概依然和从前一样，树上冒出了青翠的新芽，池塘闪烁着波光，一个小柱廊围绕着夏季餐桌。你越是试图在脑海里塑造这些生活习惯，它们看起来就越美，越符合这里的气候，也越符合人性。

女人们的闺房在庭院和门廊后面，这是一个封闭的区域，看不到外面，与公共生活分隔开。她们在这些狭窄的厅堂里不怎么走动，懒洋洋地躺在那里，说意大利语，做针线活，一直等到她们的父亲或丈夫结束了男人的生意和谈话。她们的目光漫无目的地流连在黑暗的墙壁上，墙壁上面没有现在那些古画，也没有不同国家不同风格的艺术品，而只是重复着一些人物的日常生活场景：睡觉，起床，打盹，工作。站在帕里斯面前的女神们、优雅苗条的命运女神，就像普利马蒂乔（Francesco Primaticcio）笔下因为惊吓坐倒在座位上的得伊达弥亚。他们的生活习惯、作品、衣物、建筑都同出一源，这也是唯一的一个源头：人类这株植物的生命只有一次，没有经历任何嫁接。

············

剧院在山顶上，台阶由帕罗斯岛产的大理石制成，对面是维苏威火山和大海，在朝阳里熠熠生辉。屋顶上笼着一层轻纱般的白雾，不久后又消失不见。我们的夜间剧院灯火通明，空气中充满了恶臭，人群挤在五颜六色的包厢里或是一排排悬挂的笼子中，相比之下，你会感受到发展出健美身材的自然生活和裹着黑色礼服的人造烦琐生活之间的区别。圆形剧场也给人同样的印象，它宏壮雄伟，有充分的日照，但这是古代世界的污点，血腥的罗马印记。浴场也给人同样的印象：冷水浴室的红色飞檐上雕饰着可爱轻盈的小爱神，他们或在马背上驰骋，或驾驶着战车。没有什么比烘干区更赏心悦目的了，拱顶上装饰了满满的浮雕和纹章，还有一排弯腰靠在墙上、用有力的肩膀支撑着整个入口通道的大力神。所有这些形式都生动而健康，没有什么夸张或过度的修饰。如果我们看看现代的浴场，那是多么鲜明的对比啊，看看他们浮想联翩的裸体像，看看那些做作又淫秽的图画！今天的沐浴只是一种清洁方式，在当时是一种娱乐，也是一个健身环节。他们一天要花好几个小时，让肌肉变得柔软，让皮肤焕发光彩。人们在肌肉的张弛中体验到动物般的感官享受。他们不像今天那样只靠脑袋生活，而是靠整个身体生活。

人们进城或是出城，都要经过坟墓，这些坟墓几乎是完整的。没有什么比它们更高贵，更肃穆而不阴郁。在那时，死亡并没有受到禁欲主义迷信和地狱观念的干扰，在古人的思想中，死亡是人的一种职责，是人生命的一个期限，是一件严肃但不可怕的事情，人们不需要像哈姆雷特那样一想起死亡就发抖。他们把祖先的骨灰和画像都放在房子里，人们进屋时向它们敬礼，也与它们朝夕相处。在城市的入口，道路两旁排列着坟墓，就好像是城市的

建造者们建立的第一个城区。在《柏拉图对话集》里，希庇亚斯说："对一个希腊人来说最美好的事情是，富有、健康并受到希腊人的尊敬，到了老年，为去世的父母举办一场美丽的葬礼，也从孩子那里得到一场美丽的葬礼。"

真正的历史是由人们头脑中占据统治地位的五六种观念组成的，即两千年前的一个普通人对死亡、荣耀、福利、家园、爱情和幸福的看法。这个古老文明由两种思想支配着：第一个关于人，即通过体育锻炼和正确的繁育创造出一种美丽的生物，他们性情温和、冷静、勇敢、坚持、完善；第二个关于城市，即建立一个封闭的小社会，其中囊括了所有值得爱或尊重的人，作为一个永久的营地，满足军事需求以持续抵抗危险。正是这两种思想孕育了其他。

丹纳

《意大利之旅》，1865 年

在成为作家之前，马克·吐温是一名记者，他陪同美国游客乘坐第一艘游轮费城号，环游地中海。经过圣地和埃及之后，他和旅伴们到了庞贝。

他们把庞贝说成"庞贝伊"。我一直想象一个人拿着火把，像在银矿里一样，沿着潮湿而黑暗的楼梯往下走，穿过顶上是熔岩、两边是破败牢房遗迹的黑暗隧道，最终到达庞贝。但事实并非如此。这座被掩埋的城市好像至少有一半已清理干净，重见天日。我们还看见一排排没有房顶的房屋，就像1800 年前那样，用砖块牢牢砌成，在烈日下炙烤着。他们的人行道一尘不染，那些精心制作的动物、鸟类和花朵的马赛克（就好像我们今天地毯上模仿的花纹），一点儿也没有玷污或缺失。客厅或卧室的彩色壁画上画着谈情说爱、饮酒作乐的维纳斯、巴克斯和阿多尼斯。这里街道狭窄，小巷更为狭窄，上面铺着坚硬的火山岩石板，有些石板上留下了很深的车辙，还有些被许多个世纪前庞贝人的脚印磨损。面包店、神庙、法院、浴场、剧院都被刮得干干净净，丝毫不像一座曾在地下埋藏着的宝库。那些横卧地上的破碎柱子、没有门的入口、破碎的墙头，让人惊讶地想起我们某个城市的"火灾后现场"，如果周围有烧焦的横梁、破碎的窗户、成堆的碎片和黑烟，那就太像了。但没有。今天的太阳照在古老的庞贝古城上，就和基督出生在伯利恒的时候一样。街道比庞贝人在最繁荣时期所见过的干净一百倍。我知道我在说什么，因为我不是在主要街道（商人街和财富街）上亲眼看到过至少两百年没有修复过的道路吗？有多少代受骗的纳税人驾着车在厚厚的石板上留下了 12 ～ 25 厘米深的车辙？这些标志难道不是在告诉我们，道路管理部门从来没有履行过自己的职责吗？既然他们从没修理过路面，岂不是也不会清洁路面？我想知道庞贝城道路交通的最后一位管理者的名字，这样我就可以和他说几句话。这个话题是我由衷而发的，因为我正踩踏在其中的一道车辙上。当我看到第一具沾满火山灰和熔岩的不幸尸骨时，我的悲伤被这个人可能是管理者的想法缓和了。

1890 年，马克·吐温在他的小屋里。

…………

我们漫步穿过几座豪华的房子，在过去，屋主人还住在那里的时候，如果没有一张用费解的拉丁文书写的正式邀请函，我们是不能进去的——我们可能根本就不会有邀请函。这些人盖房子的方式都差不多。地板上覆盖着五颜六色的大理石马赛克，作为一种图案装饰。在门槛上，有时目光会捕捉到一句拉丁文问候语，或者一只狗的图案，写着"当心恶犬"，有时是没有任何文字的熊或小鹿的形象。接着，人们走进一个类似前厅的地方，我猜想那里会有一些悬挂衣服的架子，然后走进一个房间，房间中央有一个巨大的大理石盆和一些喷泉的管子。两边都有房间，喷泉后面是接待室，然后是一个小花园，还有餐厅等等。地板是马赛克的，墙壁上或涂着灰泥，或画着壁画，或装饰着浅浮雕，到处都有大大小小的雕像、养着鱼的盆子。柱廊环绕着庭院，在美丽柱廊的隐秘角落，有晶莹的水珠喷涌而出，用以维持庭院的清新空气，同时让花篮里的鲜花保持新鲜。

…………

在这座古老而寂静的死亡之城中漫步，是一种新奇又怪异的消遣。在完全荒废的街道上闲逛，曾经，有成千上万的人在这里做买卖、步行、坐车，城市里弥漫着商业和娱乐的喧嚣气氛。他们不懒惰，那时的生活匆匆忙忙。我有证据证明这一点。在街道的拐角处有一座神庙，要是从神庙殿柱中间穿过到另一条街上去，会比绕过去快捷得多。结果，这条捷径的厚重的楼板上留下了深深的痕迹，一代又一代节省时间的人把它踩坏了！他们可以直接穿过去的时候就不会绕道。我们现在也做着一样的事情。

你的目之所及都在激起你的思索：

"在门槛上，有时目光会捕捉到这样一句话：'当心恶犬。'"

当毁灭之夜来临的时候，这些老房子有多久远的历史了？那些让你想起早已死去的居民的物品，会让他们复活在你的眼前。

…………

面包房里有研磨谷物的磨盘和烤面包的烤炉，据说那些最初发现庞贝的人在烤炉里发现烤得很好的面包。迫于逃生，面包师最后一次离开店铺时还没来得及把面包取出来。

在一所房子（庞贝唯一不允许女人进入的建筑）里，有一些小小的房间，放置着短小的床，用砖石制成，像古代一样。墙上的壁画就像昨天画的一样崭新，但是没有人敢于用笔去描述壁画里的内容。到处都写着拉丁文题词，出自一个个狂乱的心灵，刻写的人也许是为了在夜晚结束之前，在狂乱的爆发中祈求上天。

在一条主要街道上，有一个巨大的石头蓄水池，由一根管子供水。当坎帕尼亚的工人们又热又渴的时候，就在这里弯腰喝水，他们的右手往往会按在池边，久而久之，石头上形成了一道 3 ~ 5 厘米深的大凹槽。想象一下，在过去的几个世纪里，成千上万的手放在那里，磨薄了这块像钢铁一样坚硬的石头！

在庞贝，有一个很大的公告栏，上面写着角斗士格斗、选举等内容，但这些内容不是写在容易腐烂的纸上，而是刻写在坚固耐用的石头上。有一位女士，我猜想她是一个很富有而有教养的人，她登了一则广告，要出租一些配有浴室和各种现代化舒适设施的房子，还有几百家商店，并且说明这些房子不应被用于不道德的目的。

…………

在一个长长的庞贝式大厅里，发现了一具男人的骨架，他一只手拿着 10 枚金币，另一只手拿着一把大钥匙。他取完了钱，正打算向门口走去，但刚走到门槛处就被燃烧的

游客们渴望强烈的情感，在参观了这座被可怕的火山摧毁的城市之后，登上了维苏威火山。

风暴袭击，倒下死去了。只要再多一分钟，他就能活命。我还看到一个男人、一个女人和两个女孩的尸骨。女人张开双臂，好像被致命的恐惧所征服，我想我在她那张无形的脸上发现了一种疯狂而绝望的表情，定格在火焰像大雨一样落下的一刻。两个女孩和那个男人双手抱头躺在地上，好像想保护自己不受铺天盖地的火山灰伤害。在一间公寓里，发现了18具尸骨，都是坐着的，墙上留下的黑色痕迹反映了他们的形态和姿势，就像影子一样。其中一个女人戴着一条项链，上面刻着她的名字：尤利娅·迪·迪奥梅德（Julia di Diomede）。

但毫无疑问，庞贝古城给现代研究留下的最有诗意的东西，是一个身披盔甲的罗马士兵的伟大形象，他忠于自己的职责，忠于罗马士兵的光荣称号，因此他怀着满满的顽强勇气，坚守在城门附近的岗位上，面不改色地站着，直到被四周肆虐的无坚不摧的地狱之火摧毁。

马克·吐温
《傻瓜国外旅行记》

庞贝城的末日

　　布尔沃－利顿（Edward Bulwer-Lytton）在小说中描绘了庞贝人的生活场景。英雄格劳科斯和伊俄涅的爱情被埃及的阿尔巴克斯所阻挠，他把格劳科斯交给了凶猛的野兽。在竞技场上，面对着狮子，英雄突然看到了一股炽热的灰烬。那是8月24日……

步向毁灭

　　在白天变成深黑的乌云，现在已经凝结成一团坚硬的、无法穿透的东西。看起来不像在户外，更像是在一间光线照不进来的狭小房间里。随着黑暗的加深，维苏威火山发出的闪光也变得更加可怕和明亮。它们可怕的美部分来源于火焰的颜色，从来没有一幅画能表现出这些变化多端的色彩，它们有时看起来像南海最深的湛蓝，有时又像蛇皮一样泛着青绿色。闪电有时会影响这些巨大的爬行动物的形状和褶皱。有时，它是一种燃烧着的、刺眼的红色，穿过烟柱照亮整个城市，然后突然发散，变得漆黑、苍白，像光的幽灵。

　　在火山灰像雨一样落下的间隙，可以听到地底传来的杂音，波涛汹涌的大海传来阵阵咆哮，还有更小的声音，只有充满恐惧的人才能敏感捕捉到，那是从远处的山的裂缝里喷出气体的呼啸声。

《庞贝城的末日》封面。

有时，乌云就好像突破了原本坚实的团块，在闪电的照耀下，出现了人们和怪物相互追逐的形象，这些形象在互相冲撞着，在虚拟的战斗中昏厥，倒在动荡不安的阴影深渊里。在恐惧的旅行者心中，这些虚无缥缈的蒸气似乎是巨大的敌人，是恐怖和死亡的使者。

许多地方的灰烬堆积到了膝盖，火山口喷出的岩浆像滚烫的雨水一样猛烈地冲进房屋，散发着强烈的令人窒息的气味。在一些地方，巨大的岩石碎片砸到屋顶上，街道成了一片混乱的废墟，堵塞了通道。随着时间的推移，大地的震动越来越明显：行人们跟跟跄跄地走着，哪怕是在最平坦的路面上，马车、轿子都没法保持平衡。

可以看到最大的石头在坠落时相互碰撞，碎裂成无数碎片，迸射出巨大的火花，点燃了附近一切可燃物。城外的平原上，火焰突然燃起，黑暗顷刻被打破，几座房屋和整个葡萄园都被烧毁。为了让视野更加清晰，人们试图在各处广场上，尤其是在神庙的门廊下和广场入口这两个地方支起一排排火把。但像雨一样落下的火焰和风又将火把扑灭，让黑暗变得更难以抵御。人们在绝望之中上了一堂课，明白了人类的希望有多单薄无力。

在这些火把短暂的光亮下，成群的逃亡者相遇了，他们有的逃到海上，有的从海上逃到乡下，因为海水很快从海岸退去，被黑暗完全笼罩，灰烬和碎石落在咆哮的波浪中，没有人可以逃脱它的愤怒，至少在陆地上还有起遮蔽作用的建筑物。人们混乱、困惑，充满了对超自然事物的恐惧，他们彼此擦肩而过，没有交谈的机会，也没有商量的机会，因为灰烬雨一场接一场地落下，他们熄灭了火把，被迫分散四处寻找遮蔽处。他们只来得及看见彼此的脸，像影子一样黑暗。所有文明的要素都被摧毁。小偷背着赃物张口大笑，毫不畏惧地从生严的长官面前走过。如果在黑暗中，一个女人与丈夫失散，或是一个父亲与孩子分离，那么所有的寻找都是徒劳的。他们只能急急忙忙地胡乱奔逃。社会生活的一切结合都没有留下，他们只剩下最后一种感情，那就是自保。

那个雅典人在伊俄涅和盲女的陪同下在混乱中继续前进，忽然，有好几百人也往海边走，从他们身边涌过，尼迪亚和格劳科斯被冲散了，剩下伊俄涅和格劳科斯一起被人潮推着往前走。当人群都过去了以后，尼迪亚已经不见了。格劳科斯呼叫着她，但没有回应。他们原路返回，但这是徒劳的，没有任何发现。很明显，她被人潮卷到相反的方向去了。

他们的朋友，他们的恩人，就这样不见了，还能说什么呢？她还是他们的向导，因为她失明，这条路只有她自己知道怎么找到……在她那永恒的黑夜里，她熟练地穿过城市的弯弯绕绕，带着他们毫无差错地来到海边，到了海边，他们就有获救的希望。现在，他们要去往何方呢？在这个迷宫里，他们找不到光明，找不到出路。他们疲惫、绝望、迷失，尽管灰烬不断落到他们头上，碎石不断落在脚边，击出火花，他们也只能继续前进。

"唉！唉！"伊俄涅低声说，"我走不动了，我的脚陷进了滚烫的灰烬里。逃跑吧，我的朋友，我的爱人，让我去面对不幸的命运吧。"

"不要这样说，我的未婚妻，我的妻子，对我来说，有你在的死亡比没有你的生活更甜蜜。但是，唉！在这黑暗中，我们该往哪里去？我觉得我们好像绕了一个圈，又回到了一小时前那个地方。"

"哦，上帝！这块石头，看，它把我们面前的屋顶砸穿了。现在街上到处都是死亡！"

"感谢这道闪电！看，伊俄涅，命运神庙的柱廊就在我们面前。我们进去吧，在那里我们能找到地方躲避这可怕的雨点。"

他把她抱在怀里，费了好大的劲才来到神庙。他把她带到门廊里最边远、最隐蔽的地方，俯下身来，让他的身体成为她躲避灰烬和碎石的避难所。伟大和无私使这可怕的时刻变得神圣。

"谁在那儿？"一个本来走在他们前面的人用低沉而颤抖的声音说道。但这又有什么关系呢？当世界毁灭的时候，就没有所谓朋友或敌人。

伊俄涅听到这个声音，转过身来，微弱地叫了一声，缩进了格劳科斯的怀里。格劳科斯朝声音传来的方向望去，明白了她惊慌的原因。一双古怪的眼睛在黑暗中闪闪发光。接着，一道闪电划破黑暗，照亮了神庙，格劳科斯颤抖着，看见一头狮子在一根柱子下躺卧着，狮子旁边躺着那个刚刚和他们说话的彪形大汉——受伤的角斗士，尼格尔。他没有意识到狮子在附近。

闪电的光让人和动物看见了彼此，但两者的本能都已麻木。狮子还向角斗士爬去，好像要找个同伴似的，而角斗士也没有后退，面不改色：大自然

"在这些火把短暂的光亮下，成群的逃亡者相遇了，他们有的逃到海上，有的从海上逃到乡下。"

的剧变泯灭了日常的恐惧或同情。

当他们的庇护所正处于如此可怕的处境时，一群男女举着火把经过神庙。他们来自拿撒勒会众，一种崇高而神圣的感情使他们不再感到尘世的恐惧。他们活在信仰之中，认为世界末日已经来临。

"不幸降临了！你们有祸了！"为首的老人用尖厉刺耳的声音喊道，"看啊！上帝来审判了！他在众目睽睽下从天上降下火来。你们有祸了！你们这些强壮有力的人有祸了！你们这些捆着麻绳、穿着紫袍的人有祸了！你们这些崇拜偶像和野兽的人有祸了！你们这些让圣徒流血、以神子痛苦为乐的人有祸了！你们的维纳斯，海里的娼妓有祸了！你们有祸了！你们有祸了！"

整个队伍以一种险恶而傲慢的声音齐声重复着："不幸降临了！海里的娼妓有祸了！你们有祸了！你们有祸了！"

拿撒勒人缓慢地走过，举着在暴风雨中摇曳的火把，发出威胁和严肃的警告。最后，他们消失在曲折的街道上，神殿重又被黑夜和寂静笼罩。

火山喷发逐渐频繁，在一次喷发的间歇中，格劳科斯鼓励伊俄涅继续前进。当他们犹豫不决地站在门廊的最后一级台阶上时，有一位拎着一个口袋的老人走过。他靠在一名年轻人身上，年轻人手上举着火把。格劳科斯认出了他们：是一个守财奴父亲和他的败家子。

　　"父亲，"年轻人说，"如果你不快点走，我将不得不离开你，否则我们都会死的。"

　　"快跑吧，我的孩子，把你父亲留在这儿吧。"

　　"但我不能跑去挨饿，把你装满金子的钱袋给我。"

　　说着，年轻人要把老人手上的袋子抢过来。

　　"可悲！你想抢劫你父亲吗？"

　　"是的！谁会在这样的日子谴责我呢？吝啬鬼，你去死吧！"

　　年轻人把老人推倒在地，从老人无力的手里毫不费力地抢过那只口袋，然后疯狂地咆哮着跑走了。

　　"老天爷！你是被黑暗弄瞎了吗？"格劳科斯叫道，"把无辜的人和有罪的人一起毁灭。伊俄涅，我们走吧，我们走吧！"

爱德华·布尔沃－利顿

《庞贝城的末日》

庞贝的幻梦

《格拉迪沃》(*Gradiva*) 是詹森 (W. Jensen) 的短篇小说,主人公是考古学家诺伯特·哈诺尔德 (Norbert Hanold) 博士。在描绘一名正在行走的女孩格拉迪沃的浅浮雕前,他陷入了深深的沉思。弗洛伊德试图把整个故事当作一个病人的故事来读,并给出了一个解释:就和所有考古学家一样,哈诺尔德实际上梦见了自己是这场灾难的目击者。

在梦中,哈诺尔德发现自己正面对着公元 79 年 8 月 24 日的庞贝古城。后来,他意识到这个女孩只不过是童年时他没有太关注的一个朋友。她的名字叫佐伊·博特刚 (Zoe Bertgang),"佐伊"是生命的意思。

突然间,他确信今天的拜访毫无用处。他找不到他要找的人,因为如果能在她的时代遇见她,他自己现在也不再属于活人的世界,早已死去,被埋葬和遗忘。但当他沿着这幅帕里斯赠送金苹果的画行走时,却看见格拉迪沃在他面前,穿着和昨天一样的衣服,同样坐在两根黄色柱子间的台阶上。他不允许自己被幻觉所欺骗,他清楚自己只是幻觉的玩物,而这种幻觉又把他昨天所见呈现在他眼前。但是,他还是情不自禁地

弗洛伊德的肖像。

沉浸在自己虚幻的想象之中。他钉在原地，一动不动，不知不觉用一种悲哀的声调喊道："哦！哦！你是存在的，但你不是活着的！"

他的声音消失了，寂静笼罩着古代的节日大堂，没有任何呼吸的声音。但另一个声音打破了空虚的寂静，对他说："你不想坐下吗？你看起来很累。"

诺伯特·哈诺尔德的心跳几乎再次停止，他在脑子里尽可能多地整理出一些理由：幻象不会说话，但也许是幻听在折磨他。他一只手扶在柱子上，目不转睛地盯着它。

那个声音又对他发问，那是只有格拉迪沃拥有的声音："你能给我一朵白花吗？"

他感到一阵头晕。他觉得自己再也站不住了，不得不在大理石台阶上坐下来，靠着柱子，任由自己下滑到她面前。她用清澈的眼睛望着他的脸，但表情与她昨天突然起身离开时大不相同。一切厌烦和拒绝的痕迹都已经消失了踪影，就好像她改变了主意，就好像是好奇心和求知欲把她引到这里来的。她好像也意识到，那种意志和她的个性以及当时的环境不相匹配。她使用了"你"这个称呼，这个称呼实际上毫无困难地从她口中吐出，就像一件非常自然的事情。但当诺伯特对最后一个问题保持沉默时，她又开口对他说："你昨天告诉我，当我准备睡觉的时候，你呼唤了我，然后待在我身边，我的脸变得像大理石一样。这是什么时候发生的？我记不起来了，希望你能解释得清楚一点。"

诺伯特这时终于回过神来，说道："那是你坐在广场阿波罗神庙的台阶上，维苏威火山的灰烬落在你身上的那个晚上。"

"哦，是的，就是这样。确切地说，我不记得了。但我早该想到这类事情。昨天你跟我说的时候，真的太突然了，我没有准备好。但如果我没记错的话，这发生在大约两千年前。那时候你已经在世了吗？但你看起来比我年轻。"

她说话非常严肃，但当她说完，嘴角露出了一丝亲切的微笑。他有点拿不定主意，还有点尴尬，于是有点结巴地回答说："没有，真的，我想公元79年的时候我还没有出生。也许是……是的，也许正是这种被称为梦的心境把我带回到庞贝毁灭的时代，但我一眼就认出了你……"

离诺伯特只有几步远的年轻女人的脸上露出了强烈的惊讶，她震惊地重复道："你在梦中认出我了吗？怎么做到的？"

"首先，因为你特别的走路方式……"

"这就是触动你的地方？我的走路方式真的很特别吗？"

她似乎更惊讶了，他回答说："是的，你没有注意到……你的步态比任何人都优雅，至少比今天所有活着的人都优雅。但还有别的东西让我认出了你：你的身体和脸，你的姿势和你的服装，这一切都与罗马浅浮雕上你的形象相吻合。"

"啊，是的，"她继续说下去，声调和以前差不多，"在我的罗马浅浮雕上，是的，我没有想过，甚至此刻我也不明白，那是怎么回事？你见过吗？"

然后他告诉他，他是如何被这幅浮雕所吸引，还很高兴在德国找到了一幅复制品，他把这幅复制品挂在墙上许多年，每天都看着她。他想，她一定是一个年轻的庞贝女人，正走在她家乡的街道上，并且他的梦也证明了他的猜测。正是这个梦让他下定决心再次来到这座死亡之城进行探索，试图在这里找到她

庞贝浅浮雕"格拉迪沃"。

的踪迹。昨天，当他在墨丘利街的拐角停下时，她就像一个幻影般走着，突然出现在他面前的石板上。看起来好像正往阿波罗神庙飞去。但她已经折回原路，消失在墨勒阿革洛斯的房子前。

她摇摇头说："是的，我本来想去阿波罗神庙，但我来了这里。"

他继续说："正是这个原因，我才会想起希腊诗人墨勒阿革洛斯来，我还以为你是他的一个后裔，必须在规定时间回到你父亲家里去呢。但当我用希腊语跟你说话时，你听不懂。"

"那是希腊语吗？我不知道，或者忘记了，但你今天回来，你说了我能听懂的话，你希望某人仍然存在，仍然活着，但我不知道那是谁。"

诺伯特回答说，他一开始看见她时，坚信她并非真的在那儿，只是幻想折磨他，让他看见了前一天看到的景象。她笑着回答说："事实上，在我看来，你应该好好注意你那丰富的想象力，虽然我不是从我们的谈话中看出这一点的。"她停下了这个话题，又说道："你一开始跟我说的，我的走路方式有什么特别之处？"

很明显，她对这一点产生了兴趣。他开始说："如果你愿意的话，请……"

但他马上停住了，因为他突然惊恐地想起，在她突然离开的前一天，他曾要求她躺在路上睡去，就像以前在阿波罗神庙里一样，他在脑海中模糊地联想到她离开时向他投来的眼神。但是现在她的眼神仍然保持着平静和温柔，就好像他什么也没说一样，她对他说："你说你希望我活着，真是太好了。你可以向我提出请求，我都乐意做。"

这些话平息了他的恐惧，他说："我很想你走得更近一点，就像你在雕像里那样。"

她一言不发地站了起来，在墙和柱子之间走了一段距离。她的脚掌几乎是垂直地抬起的，这平静而灵活的步态，他早已铭记于心，但他第一次意识到，她没有穿凉鞋，衣服底下露出了她的双脚，穿着薄薄的、颜色浅淡的鞋子，像沙子的颜色。当她依然一言不发地回来坐下，他不由自主地开始谈论她穿的那双鞋子和在浅浮雕中她穿的鞋子的区别。

她回答他说："一切事物都随着时间推移而变化。现在穿凉鞋并不方便，我穿这双鞋能更好地防尘防雨。但你为什么要我在你面前走路？我的走路方式有什么特别之处吗？"

她又表达了她对这个问题的好奇，这表明她并非没有女性的好奇心。他回答了她，并补充说，几个星期以来，他一直在观察家乡同代人的步态。但他的观察都以失败告终，只有一次他似乎在拥挤的人群中看到了这样的步态，但他这样自欺欺人，无疑是受到错觉的影响，因为他认为这个女人的容貌很像格拉迪沃。

"太可惜了，"她接着说，"因为这样的观察无疑会引起极大的科学兴趣，如果你真的发现了，就可以省去这次长途跋涉了。但你说的那个人是谁，那个格拉迪沃？"

"我就是这样为你命名的，因为以前我不知道，现在仍然不知道你的真名。"

"我叫佐伊。"

他痛苦地喊道："这个名字很适合你，但在我听来，它像是一种苦涩的讽刺，因为'佐伊'的意思是生命。"

"我们必须接受无法改变的事情。"她回答道，"我已经习惯死亡很久了，现在，我的时间到了。你带来了坟墓之花给我指路。那就把它给我吧。"

她站了起来，伸出手，他递给了她那支长春花①（Asphodel），小心翼翼地以免碰到她的手指。她接过花枝，说："谢谢你。对于其他人而言，春天的玫瑰是更好的礼物。但从你的手中，我得到的只是遗忘之花。明天这个时候，我就可以回到这儿来。如果你的路又将你引向墨勒阿革洛斯之家，我们可以再次坐在罂粟田边上。门槛上刻着'有'（have）字，所以我告诉你'有'。"

她走开了，又像以前一样消失在门廊的拐角里，似乎沉到地里去了。

威廉·詹森

《格拉迪沃》

---

① 在希腊神话中，冥界有着四季常春、郁郁葱葱的花园，花园里长着的就是长春花，因此这种花在文中被认为有"遗忘""来世"等含义。

和格拉迪沃的第二次相遇，就像小说中的其他情节一样，被弗洛伊德逐行分析。梦中的女孩实际上充当了治疗师的角色，因为面对朋友的妄想，她没有试图反驳，而是让他重新与现实连接。

　　第二天，只有一件事是肯定的：哈诺尔德中午回到了墨勒阿革洛斯之家，在此之前，他在等待中沿着一条穿过城市的路到达了庞贝。这不是一条常走的路，在堡垒旁边。对他来说，一支挂着白色铃铛状花蕾的长春花枝显然是来自来世的信息，需要捡起来带走。在他等待的这段时间里，所有考古科学在他看来都是最空洞、最无关紧要的东西，因为还有一个问题在困扰着他，那就是："像格拉迪沃这样的人，既是死的，又是活的，但是她只在中午，也就是鬼魂的时刻才出现活着的状态，那么她身体外观的本质是什么呢？"

　　他还很担心自己再也找不到她，毕竟她可能要在很久很久以后才能回来。所以当他在柱子之间看到她，他还以为是自己的想象，这引起了他痛苦的喊叫："哦！你是存在的，但你不是活着的！"只是这一次，他显然对自己的想法过于严格了，因此这个幻影发出声音问他是否把这朵白花带给了她，她还表示了困惑，进入了一个漫长的对话。

　　作为读者，我们已经对格拉迪沃这个活生生的人感兴趣了，小说家告诉我们，前一天她眼中表现出来的不耐烦和冷漠已经被好奇和感兴趣所取代。她仔细地研究了哈诺尔德，要求他解释前一天的话。她很疑惑，当她躺下睡觉时，他是怎么和她在一起的呢？于是她知道了这个梦的存在，在梦里，她和她的家乡一起消失了，然后又知道了那个浅浮雕的存在，浅浮雕中那只脚的位置曾深深吸引了这位考古学家。接下来研究她的走路姿势，在各个方面都与浅浮雕中的一致，除了一个细节——凉鞋替换成了沙色鞋子，用最好的皮革制成，她说，这样更适合现在的时代。

　　显然，她接受了她朋友的妄想，让他承认了全部情况，小心翼翼地不反驳他。只有一次，在某种情绪状态下，她似乎忘记了自己的角色，就是当他的思想集中在浅浮雕的形象上时，他断言自己第一眼就认出了她是浅浮雕上的那个人。但在对话的这个时候，她还不知道什么浅浮雕，她误解了哈诺尔德的话，但很快重新调整了自己。在我们看来，她的一些话看起来模棱两可，除了与妄想有关的意义，还有另一种对现实的暗示。例如说，当哈诺尔德无法在街上找到格拉迪沃的步姿时，她说："太可惜了，如果你真的发现了，就可以省去这次长途跋涉了。"

她还得知了他为她的浅浮雕取名为"格拉迪沃"，并告诉他自己真正的名字是"佐伊"。

"这个名字很适合你，但在我听来，它像是一种苦涩的讽刺，因为'佐伊'的意思是生命。"

"我们必须接受无法改变的事情。"她回答道，"我已经习惯死亡很久了。"

她离开了，并承诺第二天中午在同一个地方找他，并再次向他要了常春花枝。"对于其他人而言，春天的玫瑰是更好的礼物。但从你的手中，我得到的只是遗忘之花。"在一个去世了很长时间而只复活了几个小时的女子身上，忧郁是合情合理的。

我们开始理解并怀着希望地想象，如果这个浅浮雕中的年轻女子完全接受了哈诺尔德的妄想，那她无疑是想把他从妄想中解放出来。没有其他办法。因为矛盾，道路会被堵塞，同样，在真正治疗精神错乱的时候，一个人不能不把自己放在精神错乱的位置，在这种位置上，尽可能彻底地研究它。如果佐伊是这个任务的合适人选，我们将会看到像小说主人公那样的精神错乱是如何被治愈的。我们仍然想了解它的起源，这是很值得好奇的，但并非没有例子，也不是说对精神错乱的治疗就是研究，不是说对其起源的解释是在其瓦解的过程中给出的。我们意识到这种病态可能会引发一个"老套"的爱情故事，但我们不应该低估爱情在精神错乱中的治愈力量。此外，我们的主人公深深迷恋于格拉迪沃的形象，虽然是指向过去的一个无生命的物体，但这不也是一种真正的爱的激情吗？

西格蒙德·弗洛伊德
《詹森〈格拉迪沃〉中的谵妄与幻梦》

阿梅代奥·马尤里的"统治"

庞贝，宝藏之城，唤起人们多少渴望。近年来，考古学家们以科学的方式组织了遗址的挖掘、修复和保护工作。在37年的管理工作中，马尤里给了这座城市一个清晰的外观。

从1924年到1961年，在37年的管理生涯中，这位伟大的科学家坚持不懈，完善了科学方法，通过引入新的时间顺序推断法，借地层调查完善了被掩埋城市的历史，并且比他的前任更成功地恢复了以前或最近清理出来的房屋的原貌。

从1924年到1941年，他不断地清理丰足大街，试图清理出街道一侧的住屋，以便有一个整体的视图：7区的住屋，6区，6区和10区之间的街道，三分之二被米南德之家（编号Ⅰ，10，4）占据的10区住屋，8区住屋。

马尤里沿着丰足大街将发掘工作往前推进了140米，令其与圆形剧场相连，圆形剧场同时也与庞贝的尤文图斯曾经在那训练过的竞技场相连。

与此同时，他还成功地揭开了神秘别墅的面纱。在1813至1814年，缪拉在城市围墙前面发现了一道沟渠，马尤里着手扩展工作，挖开至少8米宽的沟渠，以便研究幕墙和塔楼的结构，并修复了十号塔楼。

他还全力开辟南部地区，即学院街和三角广场之间的山坡上的房屋。第

诺切拉门的坟墓。

庞贝三角广场。

一步是以合理的方式转移山上的碎片。于是，庞贝城整体规划中最独特的一个方面——房屋沿着陡峭山坡层层递升的阶梯式城市面貌——被修复了。

然而，继续清理被掩埋的城市是不够的。还需要深化对重点地域（例如广场、神庙、城墙、最古老的房子等建筑）的探索，我们才能揭示出这座城市不为人知的起源时期。几年来，马尤里对这座城市在前罗马时期甚至是前萨姆尼特时期的历史进行了系统的探索。特别是前萨姆尼特城墙的发现，让他坚持希腊影响论，这种影响在库姆斯战役（公元前 474—前 450 年）后在这座城市普遍流行，它构成了三角广场上多立克神庙在希腊和萨姆尼特时期的历史，证明了在庞贝的伊特拉斯坎时期（公元前 525—前 474 年），城市中的伊特拉斯坎人也参与了神庙生活和阿波罗崇拜。

对市民广场的调查发现了古萨姆尼特时期的商店，这些商店没有门廊，围绕着广场区域，和后来的房子有着相同的表面，但朝向不同。在外科医生之家（编号Ⅵ，1，9-10）等房屋下面，先前存在的住宅遗迹导致所谓的方解石中庭的断代大大后退至萨姆尼特时期的鼎盛期和晚期，清晰地表明中庭房屋是庞贝建筑长期发展的结果而不是开始。调查和建筑分析使马尤里能够展开重建公元 62 年地震后城市的计划。

值得感激的是，他为了游客的乐趣和对书卷的理解，重新修复了米南德之家和神秘别墅的外表面，也没有忽视那些不太显眼的房子——幸福恋人之家（编号Ⅰ，7，7）和道德家之家。他同样没有忘记修复纪念建筑，例如会堂的法庭、三角广场的柱子、伊斯塔西蒂的坟墓以及由萨姆尼特的地方官努梅里乌斯·特雷比乌斯（Numerius Trebius）在三角广场的圣井周围建造的美丽的环柱式圆形神庙。

1943 年 9 月，接连不断的轰炸为这里发生过的灾难又添上一笔，但是，和其他地方一样，这种破坏对考古发现是有益的。在古物陈列室底下，人们发现了一座别墅，里面的躺卧餐桌上令人赞叹的绘画并没有被地震损坏，在阿邦迪奥（S.Abbondio）郊区，在炸弹炸出的弹坑中发现了前罗马和罗马时代酒神殿的第一批石块。

1951 年，因为挖掘的碎片可以在某种程度上增加庞贝城的价值，多亏了南部机构的管理部门提供了资源，挖掘工作才得以恢复。不考虑城外和郊区地带，在这座城市城墙内的 66 公顷土地中，至少有 26 公顷仍待挖掘。

然后，有必要清理一下区域Ⅰ和区域Ⅱ，它们之间由通往诺切拉门的轴线分隔开。我们发现了"Ⅰ，9""Ⅱ，3"的住房，以及主要被尤利娅·费利克斯的房子占据的"Ⅱ，4"住房，这里曾经被挖掘过，但在 1755 到 1757 年再

庞贝的东部城墙得到了清理。

度被掩埋。5 区住房种植了一棵葡萄藤，它位于丰足大街尽头的萨尔诺门，距离广场 1080 米！

在远离城墙的地区，人们挖出了超过 50 万立方米的土块，覆盖了从海洋大门到希腊神庙，从斯塔比伊门到圆形剧场的大片区域。于是，区域Ⅷ的美丽房屋再次出现，通过它们的大窗户和露台，可以纵览山谷、山脉和大海的全景。城墙的修复工作也可圈可点，最重要的是，诺切拉富裕的墓地、新发现的铭文让庞贝社会的各个阶层都脸上有光。

1955 年，穿着雨衣、戴着帽子的马尤里（左四）。

在最后的 20 年里，在弗兰奇希斯、泽维和伊雷利·切鲁利女士的推动下，挖掘工作继续进行。于是人们发现了在区域Ⅵ和区域Ⅶ西部的菲比乌斯·鲁弗斯（Fabius Rufus）的房子以及凯厄斯·尤利乌斯·波里比阿的房子（编号Ⅸ，13，1–3）。

但是，要保护一个每年有超过 100 万人参观的著名景点，这引起了很多人的担忧，同时，也让董事们因急于保护庞贝遗迹，倾注了不少资金。意大利议会在这么多年的漠不关心之后，也通过了 1976 年的特别法律，表示对庞贝遗迹的关注。

罗伯特·艾蒂安

同时代人眼中的马尤里

意大利作家圭多·皮奥韦内（Guido Piovene）描绘了20世纪50年代意大利的全景。经过庞贝时，他为这位著名的考古学家描画了一幅栩栩如生的肖像。

马尤里，我们考古学界的名家，身材几乎低于平均水平，一个肩膀略高于另一个，看人的时候似乎有点斜视。他会用带点歪斜但清澈的目光包裹住你，眼神是那么富于表达，可能是严肃的，可能是兴奋的，但几乎总是温柔的。正是这种出乎意料的温和，这种优雅的和蔼可亲，这种富有吸引力的、几乎是无形的善意，创造了那不勒斯人迎接外地人的欢快气氛，它会给你留下一种印象，让你觉得自己正被长着翅膀的灵魂所引导，就像莎士比亚喜剧中那些在亚登森林里被引领的迷路者一样。马尤里走路步子很小，他会走上好几小时，就像优秀的考古学家希望的那样。考古学家不仅是办公室职员，还是户外爱好者。他有一种艺术（我担心这种艺术即将消失），可以消除他的学识所带来的所有不良影响，只说他的对话者可能感兴趣的话。简而言之，他是这个封建城市的一个大领主，乐于接受人们对其田野的发掘并深感荣幸。

圭多·皮奥韦内
《意大利之旅》，1958年

庞贝的生活成本

考古学家的工作还包括收集小物件和反映日常生活背景的线索，包括以当时的货币计算的各种食品的价格。

1 塞斯特斯 =4 阿司

1 第纳尔 =4 塞斯特斯

食品

1 斗（6503 千克）小麦	12 阿司
1 斗优良小麦	30 阿司
1 斗羽扇豆	3 阿司
1 磅（0.328 千克）油	4 阿司
一量器普通葡萄酒	1 阿司
一量器法兰尼酒	4 阿司

器皿

一个粥锅	1 阿司
一个碟子	1 阿司

一个小饮用瓶	2 阿司
一个桶	9 阿司
一个灯	1 阿司
一个银滤锅	90 第纳尔

衣物

一件束腰套装	15 塞斯特斯
洗一件束腰套装	1 第纳尔

动物

一头骡子	520 塞斯特斯

奴隶

两个奴隶	5048 塞斯特斯

庞贝的低生活成本在一个记账本中得到了证实，这个记账本来自一个三口之家，其中一个是奴隶。他给我们展现了月中日前八天庞贝人的购物篮记录，以下是其中的一些细节：

月中日八天前：

奶酪	1 阿司
面包	8 阿司
油	3 阿司
葡萄酒	3 阿司
总计	15 阿司

月中日七天前：

面包	8 阿司
油	5 阿司
洋葱	5 阿司
粥锅	1 阿司
供奴隶吃的面包	2 阿司
葡萄酒	2 阿司
总计	23 阿司

月中日六天前：

面包	8 阿司
供奴隶吃的面包	4 阿司
粗面粉	3 阿司
总计	15 阿司

月中日五天前：

供驯兽师喝的酒	16 阿司
面包	8 阿司
葡萄酒	2 阿司
奶酪	2 阿司
总计	28 阿司

月中日四天前：

Hxeres（未知）	16 阿司
面包	2 阿司
Femininum（未知）	8 阿司
斯佩耳特小麦	16 阿司
Bubella（未知）	1 阿司
枣子	1 阿司
熏香	1 阿司
奶酪	2 阿司
香肠	1 阿司
软奶酪	4 阿司
油	7 阿司
总计	59 阿司

| 韭菜 | 1 阿司 |
| 总计 | 5 阿司 |

月中日：

面包	2 阿司
大面包	2 阿司
油	5 阿司
粗面粉	3 阿司
给驯兽师的小鱼	2 阿司
总计	14 阿司

月中日三天前：

Servato（未知）	17 阿司
油	25 阿司
面包	4 阿司
奶酪	4 阿司
韭菜	1 阿司
碟子	1 阿司
桶	9 阿司
台灯	1 阿司
总计	62 阿司

月中日两天前：

面包	2 阿司
供奴隶吃的面包	2 阿司
总计	4 阿司

月中日前一天：

| 供奴隶吃的面包 | 2 阿司 |
| 大面包 | 2 阿司 |

神秘别墅的秘密

神秘别墅在 *21* 世纪初才被发现，是一座有 *90* 个房间的巨大住宅，里面有庞贝最著名的壁画。吉勒·索伦（*Gilles Sauron*）的最新研究发现，要解读神秘别墅的壁画，不应按连续的顺序来看，而要在每一面墙上以对称的方式展开。右面的壁画呈现了塞墨勒神话的关键情节，左面的则是狄奥尼索斯神话，两边的壁画分别在背面墙中央神圣母子两侧结束。

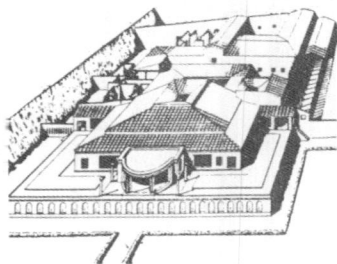

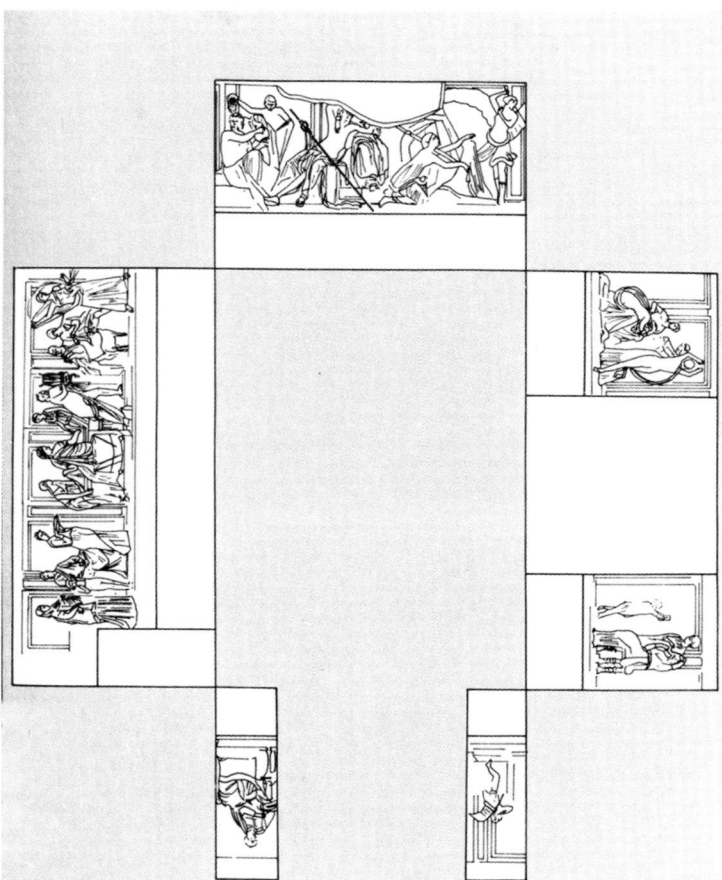

狄奥尼索斯-塞墨勒组合，不朽的见证者，在他们的形象面前，两组不同的图像平行延伸，最后汇聚在一起，说明了一个罗马贵族女士对酒神信仰的理解及其入会仪式的面貌。

别墅的女主人，女祭司，被描绘成一种永恒的形象。她打破了自己生活的时间顺序，通过塞墨勒和狄奥尼索斯连续的神话情节表现她一生中的重要时刻。

塞墨勒的神话

塞墨勒与宙斯的结合，代表女祭司的婚礼。上图这个场景表现了在两个爱神的参与下，婚礼的准备工作。其中一个爱神拿着一面镜子，另一个爱神手持着弓，注视着这个场景。

左图描绘的塞墨勒怀孕的情景，代表第一次入会仪式。一个女祭司转身面向一个手持酒神杖的女人。酒神杖是一根缠绕着葡萄藤枝叶的棍子，让人想起未出生的狄奥尼索斯。

上图，塞墨勒遭雷击，代表第二次入会仪式。从右到左：一个光着背、散开头发的神秘人，跪在地上，靠在一个坐着的女人的膝盖上，那个女人戴着护士和助产士的传统头饰：她是给入会人员传授教义的启蒙者。一个长着翅膀的恶魔挥着鞭子，象征杀死塞墨勒的闪电。最后，一个穿得像护士的火炬手，展露了衣物掩盖下的阴茎，这可能是一个象征孩子出生的动作。整个场景，也是右面壁画的最后一部分，象征着女祭司参与到塞墨勒的闪电中，从而参与到狄奥尼索斯母亲神圣化的过程中。

狄奥尼索斯的神话

这部分表现狄奥尼索斯的教育。左图中，一个穿着老式皮靴的女人在看着一个赤身裸体穿着高筒靴的小男孩，另一个女人把右手放在小男孩的肩膀上，左手拿着一本书。在这幅画中，"学习"这一概念与入会启蒙有关。因此，女祭司把她自己的教育活动以狄奥尼索斯神话中亵渎神灵的母亲的形式描画出来，将自己与英雄的照顾者联系在一起。

狄奥尼索斯之死，代表女祭司参与男性的秘教入会仪式。这是一个与未来神的历史直接相关的仪式动作。一个女人端来满满一盘蛋糕，然后女祭司出现了，她戴着橄榄枝条的王冠，掀起篮子上的遮盖物。一个女仆在为女主人给的橄榄枝浇水。这无疑是一种葬礼仪式，目的是为英雄的复活和神圣化做准备。女祭司尽其祭司的职守，参与到神的戏剧性死亡与复活的准备中。

狄奥尼索斯是普世的，也是仁慈的，他没有通过质朴的沉默来传达无关文化的教旨，而是鼓励信徒读书。文学文化是步向他的必经之路。

传播酒神信仰，代表女祭司最初在入会前的恐惧。我们发现女祭司在构图的中心，同样的三个人物首先出现在她的右边，然后出现在她的左边。作为一个穿着优雅的希腊公民，她很害怕，这从她脸上的表情和左手排斥的手势就可以看出。她头上披着的披风鼓了起来，暗示了她试图逃跑，在她右边，一个安静的、戴着桂冠的人用七弦琴弹唱着一首哀悼已故狄奥尼索斯的丧歌，两个长着山羊耳朵的牧羊人和他在一起。在左边，同样的三个角色正准备表演，也许是表演舞蹈，这解释了女祭司的恐惧：她看到一个显然野蛮而古老的宗教的代表人物来到她的城市。通过回忆自己在入会前夕的焦虑，女祭司同时也表明这种恐惧是非理性的。因为最后出现在作品中心的神确实是永葆青春的神，即使在奥林匹斯山上，他也在母亲的怀抱中找到了庇护。

博斯科雷亚莱（Boscoreale）的发现

1895 年，一名工人在离庞贝不远的博斯科雷亚莱的一栋大别墅的空地上工作时，在一个蓄水池的底部发现了一套银器珍品。毫无疑问，在火山爆发时，一名仆人想赶紧保护好这套餐具，于是把它们藏了起来。这套完整的罗马餐具现藏于卢浮宫博物馆。

罗马共和社会长期以来都以一种常常是出于炫耀目的的蔑视态度，拒绝使用贵重餐具。普林尼曾经记录过，迦太基大使在罗马受到元老院家庭的接待时，惊奇地发现每顿饭上同样用途的一套银器减少到两三件。早期帝国时代的巨大宝藏证明了征服东方和针对迦太基的战争给罗马社会带来了巨大的改变——带来了"腐败的黄金"。

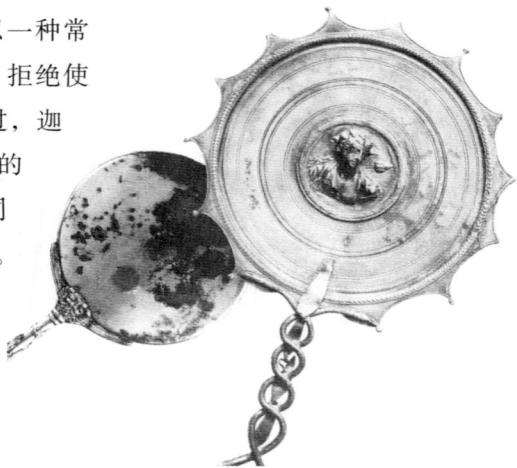

直径 21 厘米的镜子，装饰有狄奥尼索斯的半身像，镜子的柄由两根棍子缠绕而成。

银仍然是一种奢侈品。对于一个囊中羞涩的人（例如一个士兵或者一个小商人）来说，有时一个银杯子就是他的全部资本，他小心翼翼地把自己的名字写在上面。像博斯科雷亚莱那种一套有 109 件餐具的银制餐具套装（甚至还没找齐全套），是有钱人才能拥有的。里面有一些特别珍贵的餐具，最开始被以为是艺术品，例如有三个浮雕装饰的小瓶，可能是通过继承代代传递的，而其他则是从别人手上买来的，例如带橄榄枝装饰的瓶子上就写有三个拥有者的名字。

银器是一种奢侈品，但在公元1世纪初，它开始扩展到日常生活的各个领域。扩展从梳妆用具开始，三面镜成了一种珍品。餐具是银器的主要应用领域，有各种喝水器皿、绘图器皿、碗碟，以及其他小件。

博斯科雷亚莱可能没有米南德家的宝库那样多姿多彩，后者是1世纪罗马银器名副其实的类型学目录，但博斯科雷亚莱仍然描绘出了主要银器的图谱，它们通常成对分组，因此银器背面的铭文通常表明两件银器的重量，而不是一件银器的重量。

一些书面或图像档案，特别是绘画和马赛克，有时会提供各种器皿的具体使用信息。其中一些器皿的装饰非常丰富，但我们不应忘记，实际上，它们中的大多数是日常实用器皿，就算不是日常使用，也至少是在盛大的宴会上使用：礼仪餐具是主人的骄傲。

"银器，对我来说，是最大的爱好。"特利马尔奇翁（Trimalcion）说。

10厘米高的浮雕银器，描绘了提比略的凯旋队伍。

这些珍宝展现出高超的艺术和技术水平

希腊艺术中心帕加马（Pergamon）和亚历山大的银器已经达到了相当卓越的品质：它直接影响了罗马，尤其是在帝国的初期。不仅仅是物品上的影响，希腊艺术家也来到意大利，在那里传播了他们的技术和装饰技巧，这种帕加马银器的灵感来源于公元前 13 年为庆祝奥古斯都凯旋而建造的和平祭坛（Ara Pacis）围墙底部华丽而优雅的纹饰。在博斯科雷亚莱的两个饮水瓶上，在中央垂直的根茎装饰两侧对称展开了几乎相同的植物根茎图案。形单影只的动物穿过树叶，或者有更完整的动物群体被放置在大花蕾上。这是植物元素转变的例子，在某种意义上既包含了浪漫色彩，又有几何意义，没有失去最初的灵活性，即其在希腊化时期发展起来的"带人物叶饰"的特征。

同样的装饰，以不同的形式出现在两对饮水瓶上，一对以橄榄叶装饰，一对以梧桐枝装饰。橄榄叶的突出和圆圆的形状，与梧桐叶相对较小的叶片和带尖角的表面形成了鲜明的对比。另一方面，对梧桐叶叶片的精细切割，表明了它们的相似之处。

这些图案并不是原创的，因为橄榄杯也出现在米南德家的宝库中，但在对比之下，博斯科雷亚莱的技术和艺术优势便显现出来，其线条的灵活性和细节的渲染证明了这位金匠卓越的能力和极高的艺术水平。

同样精湛的技艺、同样的装饰设计感和对自然的品位仍然可以在装饰着鹤和鹳图案的高脚杯上找到，这个主题是从希腊化艺术中借来的，更确切地说是在尼罗河的工艺中借鉴而来的。在这里以一系列快照的形式，像连环画一样再现了"鹳家族的不幸"的故事：依次表现了父母与不受欢迎的主人的斗争、同族骗子与饥饿后代的斗争。同样，为宴会准备的克塞尼亚（xénia）瓶子上，呈现了一系列写实素描——绑着的小猪、野兔、果篮，让人垂涎欲滴。

每一件银器都装饰得很华丽

关于特利马尔奇翁盛宴的丰富多彩的叙述提供了各种各样的餐具信息，这些餐具在罗马和各个省级城市的富人中普遍流行，甚至在野蛮人中也很受欢迎。

除了没有装饰的器皿、杯子、碟子和托盘之外，佩特罗尼乌斯长篇大论地讨论了丰富的餐桌装饰和装饰着神话场景的珍贵花瓶，这位自由民准备的舞台剧的"重头戏"是在桌子上展现出一具铰接的银制骷髅，这可以让他夸夸其谈生命的短暂，伊壁鸠鲁式的句子在美食家的口中显得滑稽可笑，但也是罗马宴会的传统主题，两个有名的骷髅高脚杯就证明了这一点。

银杯（高 10.4 厘米），非常美丽的珍品。在玫瑰花环下，
骷髅被分布于 4 个场景中。

这两个杯子上各有四幅画，描绘的是希腊诗人和哲学家的骷髅：索福克勒斯、米南德、泽农或伊壁鸠鲁，或者是无名氏的。这些画表现的内容很清晰，同时铭文补充了每一具骷髅在特定场景中得到的教训，其中一具骷髅努力维持着沉重的钱包和蝴蝶的平衡，蝴蝶是人类灵魂的象征，钱包被认为是智慧："趁你还活着，好好享受吧！"另外一个铭文写道："人生是一场戏。"庞贝经常出现黑色幽默，有时显得有点过度。为死去的朋友献上祭品的骷髅，旁边有"为垃圾致敬"这个讽刺性的铭文，可能这个创作者常常嘲弄别人。伊壁鸠鲁在泽农的注视下抓住一个巨大蛋糕的画面，常常被解读为享乐主义，在这里也得到了希腊思想家的支持。

这两个杯子上满是酒醉的场景，诠释了另一种精神。两种精神的起源是相同的：希腊化艺术。在这些酒神主题面前，我们想到托勒密七世为了纪念酒神巴克斯在印度的胜利，在亚历山大组织的游行。但这里的主题是以最平凡的形式呈现的，没有在庞贝的一些绘画中或后来的石棺上常见的宗教色彩，吸引金匠注意的是善良的内核、如画的风景、可爱的丘比特、与狮子或大象的力量对比。酒神的主题被广泛地运用在各种形式的器皿、面具、花环或更多场景中。

特别的作品

最非同凡响的作品可能是一个低而敞口的杯子，装饰着亚历山大的头像。那位年轻女子也许是克利奥帕特拉七世，正如一些人所说，她头上戴着象牙制品，这是埃及大都市的象征。她周围有许多具有宗教特征的装饰，让人想起了希腊 – 罗马或埃及万神殿的神灵：这是共和国末期活跃在某些圈子里的各种宗教研究的见证。这个杯子首先是一件技艺非凡的艺术品，再加上一层精致的镀金，这样的杯子无疑是摆在一个梳妆台上供客人欣赏的，就像宝库里的另外两件装饰着奥古斯都时代一对夫妇的半身像的小瓶，又像希尔德斯海姆宝库中的类似物品。

因此，博斯科雷亚莱的大部分物品都借鉴了银器的普遍技艺，更广泛说来，是借鉴了希腊化的小众艺术。一些完全被罗马艺术采用的主题，可以直接追溯到希腊的原型。例如刻在一对陶酒坛上的"受害者的胜利"图案，你可以在图拉真广场上找到，它们和公元前 4 世纪的兰普萨克金币看起来很相似。

宝库中的这两件珍宝被保存在私人收藏里，证明了工匠们在使用严格的罗马技法上所做的努力。早在公元前 3 世纪和 2 世纪，忠于意大利传统的画家和雕塑家就努力描绘当代事件。罗马艺术一再表明，它毫不犹豫地将希腊传统的产物与罗马本身以完全不同的精神发展起来的产物相提并论。

公元前 1 世纪初，传统上被称为"多米提乌斯·阿赫诺巴布斯祭坛"的纪念建筑里，有一个海洋浮雕和一个历史浮雕——雕刻着人口普查和祭祀的场景，其解释仍有争议，但能反映出当时的折中主义，即任意地将两个不同的艺术传统，在奥古斯都古典主义下，变成过去时代精华与现在时代精华的完美融合。前面提到的和平祭坛，成了官方艺术领域中最辉煌的表现。博斯科雷亚莱的文物则是小众艺术的宝藏，事实上，在那两个杯子的侧面，再现了两个历史场景，一个有关奥古斯都（元老院向皇帝赠予勇气之盾？），一个有关提比略。

因此，博斯科雷亚莱的银器似乎代表了帝国时代早期罗马上流社会和资产阶级的精致时尚。能够欣赏小众艺术的顾客群体的发展，以及人们的生活方式朝着更奢侈的方向发展，导致了这类产品的显著增长。博斯科雷亚莱的宝藏，在图案的选择或呈现上表现出很高的技术和非常可靠的装饰品位，它结合了金属加工技艺和对镀金的谨慎使用，见证了金匠作坊的高艺术水平和坎帕尼亚大地主高贵的生活环境。

弗朗索瓦·巴拉特（François Baratte），

当时的卢浮宫博物馆馆长

《考古学》（Archeologia）第 54 期，1973 年 1 月

银杯（高 15.5 厘米），有动物聚居的花卉装饰。

庞贝的第二次死亡

在公元 79 年的维苏威火山喷发中幸免于难的庞贝残骸，现在却面临着大众摧残：意大利政府冻结了 1984 年欧洲经济共同体分配给庞贝修复工作的 360 亿里拉，而植被、潮湿、人为破坏和大批游客正在结束这座鬼城的生命。一场重大的考古灾难正在发生。

1979 年复活节的庞贝古城，大批游客蜂拥而至。在这些建筑中，有一所无人参观的私人住宅，其中庭和内院的石质柱子仍然矗立着。要控制每个人是不可能的。一群人进入了庭院，开始敲打柱子玩耍，最终破坏了这些柱子。这种消遣似乎并不罕见，一些人甚至说要举行速度比赛。几个月后，距离维苏威火山摧毁这座城市刚好 1900 年。是的，这两件事可以相提并论。在庞贝工作过且了解庞贝的考古学家讲述了很多关于庞贝的事情。有一个事实是，庞贝自 1980 年地震遭受了巨大破坏以来，灾难就陆续不断地降临。在年复一年、日复一日的破坏下，庞贝在渐渐消失。其中很大一部分要归咎于人类。

庞贝已经习惯了。在摧毁这座城市的火山喷发发生的 17 年前，就已发生过地震。当时是公元 62 年 2 月，确切地说是 5 日，尼禄当上了皇帝。在公元 79 年火山喷发时，一些现在已经清理出来的建筑物当时刚刚重建。其他的仍未完工或正在修复中。羊毛市场的部分外墙已经损毁，我们刚刚用砖砌好这些损毁部分，还有待粉刷，以消除材料间的差异。这就是公元 79 年 8 月 24 日的情况。

考古发现让这座城市在 18 世纪迎来第二次死亡

复活的庞贝也迎来了第二次死亡。不止是因为 18 世纪、两百多年前的第一次发掘，把发掘工作变成了一种"屠杀"——夺走雕像，扔掉刻有铭文的青铜牌匾，还因为所有这些灾难中保存下来的遗迹都暴露在外，承受着糟糕天气、植被生长，以及人为破坏。

最后一次地震前，形势不容乐观。庞贝仍然美丽，摄影师享受其中。但1980年11月23日的地震导致了柱子、墙壁或某些楼层的倒塌，掩盖了许多建筑。整个地区开始不对游客开放。我们安装上了支撑物，与整个意大利一样，入场费也大幅上涨——从150里拉涨到了4000里拉。

"拯救庞贝"这个口号传遍了世界，到底发生了什么？

1983年，负责该遗址的当局请来自巴黎建筑文物局与法兰西科学院的法国考古学家让－皮埃尔·亚当（Jean-Pierre Adam）提供一份技术报告，就损坏情况进行评估，并给出修复方法和补救措施。这份报告是由那不勒斯的让－贝拉德中心（Jean-Berard Centre）和巴黎的法国国家科学研究中心共同发布的。1984年，欧洲经济共同体拨款360亿里拉用于修复庞贝古城，第一笔款项于1985年初发放。

庞贝会复活吗？1985年，新的负责人上任，他打算严格执行所有规定。其结果是所有考古工作完全受阻。来自世界各国的考古学家的任务被撤销，他们手里拿着票，都来看看发生了什么。结果，他们沮丧地回去了。尽管他们的意大利同事做出了努力，尽管入场费成倍

增加，预算可观，开放参观的地区大幅减少，但情况并没有改善，而且恰恰相反。需要的报告尚未有后续跟进，也没有委托任何工作，也没有与意大利佛罗伦萨和罗马的著名修复机构签订任何合同，这些修复机构被认为是世界上最好的。360 亿里拉仍然在路上，据说是因为"未解决的技术和管理问题"。

最严重的破坏来自人类

有些行为完全不是故意的。这个景点已经成为那不勒斯地区建筑物林立的大型公共花园，每年接待约 150 万游客，平均每个工作日接待超过 4500 名游客。甚至某些年份的复活节次日，曾有近 2.2 万人入场。这些游客四处走动，磨损地面。他们主要走的是古代没有铺路面的人行道，这些道路底下铺设着铅管，这些古老的管道是在公元 62 年地震后重建的，人们推测这些管道埋在很浅的地方。游客走动逐渐带走土壤，管道也露了出来。铅管因此崩裂，最后常常不知去向。

铺了路面的人行道也受到了影响。鹅卵石之间灌注的灰泥裂开了口子。渐渐地，路面被践踏，被碰撞，变得支离破碎。只有路面的石板，都是在坚硬的熔岩中切割出来的，才能经受住马车的通行，保持稳固。但是人行道的界石是由火山凝灰岩或石灰石构成的，这些质

地比较柔软的石头，即便是在罗马时代也被不断磨损，后来就被替换了。庞贝的游客们，出于同情，都走在车道上，而不是走在人行道上。看看那著名的丰足大街吧，那里的人行道被磨损得和车道一样低，甚至还更低。

除了无意的磨损，还有故意的破坏

涂鸦继续蓬勃滋长，而且常常涂画在保存得很好的画作上。在容易脱落的涂层表面涂涂画画，这样的情况也数不胜数。一些人通过攀登等方式溜进封闭区域，玩得很开心，然后开始搞破坏。拆掉柱子，毁掉还算稳固的墙壁，庞贝似乎为这种娱乐提供了取之不尽的资源。

建筑的残骸被捡了起来，例如小块灰泥、陶瓷、大理石碎片。画作受到的破坏尤其多。把它们都带走似乎很难做到，于是人们迅速割下最好的图案，一个人物，一只动物，一幅小画，带走之后就卖掉。这种行为在今天并不是什么新鲜事。坎帕尼亚的这种恶习并没有消失，游客积极发扬，该地区的居民也无心改变。

读过庞贝考古相关著作的人有时会惊讶地发现，即使在最近的挖掘中，像雕像这样的小物件也非常少了。美国考古学家在赫库兰尼姆挖掘出的房屋中，所有的小物件都保存完好，这就更令人惊讶了。这两个城市都是同一次火山喷发的受害者，包括法国在内的许多其他国家都熟悉所谓的完美发掘方法，但在庞贝这个特殊的遗址上，文物的流失速度似乎令人担忧。凡是能装在包里、口袋里的东西都不见了。当局甚至不得不撤走文物复制品（铸件和假青铜器），更不用说家具了，尽管这些物品能给游客们带来一节生动的历史课。

自相矛盾的是，有时是修复工作加速了损毁

"当然，"让 – 皮埃尔·亚当说，"所有的事情都是在考古学家和当局不知情的情况下发生的，他们不得不这样做。我们不能忘记的是，我们离那不勒斯很近。遗址管理者实际上不得不雇用当地公司来修复庞贝古城。这些人有能力进行日常的砌筑工作，但在修复方面完全无能。"修复工作需要细心、谨慎和扎实的专业技术知识。在某些情况下，并非所有这些条件都能得到满足。自相矛盾的是，那些防止损毁的工程反而加速了损毁。

这可能是旧工程造成的，我们不清楚。也许人们不知道，海边的门楣必须用硬木制作，并且需要经过适当的防霉处理，未经充分处理的软木很快就会被侵蚀，很快就会有蛀木昆虫在里面定居，那就是一场灾难。有一些错误臭名昭著：在西北部的墨勒阿革洛斯之家，一个房间的框架是 5 米乘 11 米，承载了超过 5 吨的屋顶瓦片，却没有安装三角加固结构。不管在屋脊上加了多少钢，这个框架还是断了。

现代材料的使用经常导致致命的技术错误

　　不幸的是，用报告上的话说，钢筋混凝土往往"含量特别不足"。是多次犯了同一个错误，还是偷工减料了？这种错误导致了混凝土剥落，裸露的钢筋氧化、膨胀并加速受损。在许多用于保护古代砖石的砂浆层中也出现了类似错误。这种劣质砂浆是按照众所周知的错误配方制成的，没有脱去沙子的比例。随着时间推移，它会被水和植被渗透，然后就会破裂。

　　在油漆涂层的修复中也能看到这种水平不足或是偷工减料的现象。旧工程用的是铁钉，除了看起来很丑陋以外，它们还会生锈、膨胀，破坏四周的涂层。最近的工程也没有好到哪里去。

　　为了在不把整块涂层剥离的情况下将它重新黏合到砖石上，首先需要去

除砖石已经变质、起泡的表层，然后将一根管子从底部插入涂层和支撑的砖石之间，将旧砂浆抽干，再从顶部注入液体砂浆作为补充。麻烦就在于，实际上旧砂浆抽不完。如果是这样，尽管有支撑，整个板块还是会倒塌。因为总会遗留下来的旧砂浆，使浇筑后有两种不同成分的砂浆相邻，它们的特性不一样，就容易产生纹路和断裂。大块的石膏板就这样坍塌了。

如果新注入的砂浆能填满整个空隙……离这还远着呢。观察 1979 年修复的侏儒之家的彩绘，要处理的高度为 1.5 米，灌注新的砂浆时，表现最好时灌注了 22 厘米，最差只灌注了 4 厘米，而且石膏没有完全接合。此外，支撑的砖石没有经过处理，说明在短时间后又得重新处理。于是，涂层被再次修整，一而再，再而三，最终它们会完全消失。

当然，公元 1 世纪的庞贝建造者不会总是为 20 世纪的修复工作提供便利。在巴黎进行的分析表明，尽管这些涂层完成得非常小心，但它们后面的墙壁质量可能参差不齐。砂浆中的石灰含量有可能很低，古代为省钱偷工减料的砂浆，现在很容易崩裂，甚至会被风侵蚀。在潮湿的地方，它会促使水分上涨，从而降解表面的油漆涂层。正是墙壁和砂浆中石灰含量的差异导致了如此多的剥落。而且，在砖石建筑中，这些砖石砌块通常也是由不同的材料制成的。

地区的肥沃多产也是遗迹的可怕敌人

人们不顾风险，在维苏威火山的周围定居，还不是因为那里的土地是世界上极其富饶的土地之一。这片土地有好几米厚，在维苏威火山的帮助下，迅速吸收矿物盐，变得肥沃多产。在奥古斯都时代，也就是公元纪年的开始，地理学家斯特拉博（Strabo）写道："在坎帕尼亚的某些地方，可以收获两期硬质小麦，三期小米，有时是四期蔬菜。"今天，该地区的农民每年都会在果园里收获几次期酒。在庞贝古城下面发现的正是这种土壤（只是今天的更薄），但它也是一个大麻烦。

国家自然历史博物馆的艾莫南（G. Aymonin）在该遗址发现了31种寄生植物，简直就是一个完整的植物标本室，棘草、飞蓬、野生胡萝卜、长势惊人的茴香和无花果树、牵牛花、荆棘……植被首先会侵入裸露的土壤，这种生存斗争非常轻松，特别是在这里还有游客的脚帮助它们传播种子。那些对公众关闭的房屋里，花园、柱廊、中庭的裸露土壤会被植物覆盖，植物很快就长到墙壁上，侵蚀墙壁。这一点在损毁最严重的房屋和附近尚未被挖掘的地区表现得尤为明显。

植被同样侵蚀那些或多或少涂了砂浆的土壤，还会侵蚀镶嵌了马赛克画的土壤。只要有一片马赛克脱落，马上就有植物在上面生长。有时外面的树根会破坏土壤表面的保护，游客们只看得见五六座房子还保持原貌，对其他地方正在被摧毁一事毫不知情。目前，庞贝的巡回展览正在欧洲各地进行，已经绘制出一幅地图，展示了城市的已知部分中仍然保存有铺设地面的地方。这些地面现在已经变成了少数。当它们刚被发现时，最简单的涂有砂浆，最富有的镶嵌着马赛克，所有地面都有。现在，成千上万平方米的土壤被植物分解退化，不复存在，而且退化仍在继续。

当覆盖层消失、涂层受损或脱落时，

砖石也会受到破坏。荆棘、茴香和金雀花开始在墙体顶部安家，很快就汇成一片，引起墙体坍塌。沿着墙壁生长的是缬草、草木樨、毛蕊花和黑莓，它们紧紧地把根扎进砖石或石膏下面。根系长长，变厚，钻进墙体，打开了裂口，让水分进入。常春藤附着在墙上，它的重量导致墙体脱落，当它附着在石膏上时，要比附着在砖石上更牢固，一旦你想把它扯掉，整个石膏层都会一同被扯下。

重大的考古灾难

毫无疑问，这里需要一支雷厉风行的清洁队伍来对抗这些祸害，还需要专业的修复专家。今天，在庞贝无人参观的地方，你会发现被植被掩埋的墙体、有裂缝的砖石和柱子、一片片崩落的马赛克。入侵的植被，再加上潮湿，以及人类的掠夺和忽视，它们对这里的威胁就和土体移动一样严重。这里有过去挖掘出的房屋，现在由于植被的覆盖，人们已经无法进入。在未被挖掘的地区附近，一些老房子的庭院已经变成了丛林，它们平静地侵蚀、破坏这片地区。

这是一场缓慢的、渐进的灾难，但不会留下任何遗迹。庞贝古城已经成了一个可悲的例子，告诉我们在修复的过程中不该做什么。这是一场重大的考古灾难。

亨利·德·圣-布兰卡特（Henri de Saint-Blanquat），
《科学与未来》（*Science et Avenir*），第 469 期，
1986 年 3 月

相关文献

著作：

［1］拜恩·H. G.：《庞贝的墙面装饰》第 2 到第 4 卷，海牙，1938—1960 年。
Beyen H. G., *Die pompeianische Wandekoration von 2. bis zum 4. Stil,* La Haye, 1938-1960.

［2］博尔达·M.：《罗马风景》，米兰，1958 年。
Borda M., *La Pittura romana*, Milan, 1958.

［3］布瓦斯·G. K.：《庞贝的家神庙》，罗马，1937 年。
Boyce G. K., *Corpus of the Lararia of Pompeii*, Rome, 1937.

［4］布里翁·M.：《庞贝和赫库兰尼姆》，巴黎，1960 年。
Brion M., *Pompéi et Herculanum*, Paris, 1960.

［5］布尔沃－利顿·E.：《庞贝城的末日》。
Bulwer-Lytton E., *Les Derniers Jours de Pompéi.*

［6］卡林顿·R.C.：《庞贝》，牛津，1936 年。
Carrington R.C., *Pompeii*, Oxford, 1936.

［7］奇普罗蒂·P.：《关于庞贝》，罗马，1959 年。
Ciprotti P., *Conoscere Pompei*, Rome, 1959.

［8］科尔蒂伯爵·E. C.：《赫库兰尼姆和庞贝的生死与复活》，巴黎，1953 年。
Corti E. C. Comte, *Vie, mort et résurrection d' Herculanum et de Pompéi*, Paris, 1953.

［9］克鲁瓦西耶·J. M.：《坎帕尼亚静物画》，布鲁塞尔，1965 年。
Croiselle J. M. *Les Natures mortes campaniennes*, Bruxelles, 1965.

［10］柯歇斯·L.：《庞贝的壁画》，莱比锡，1929 年。
Curtius L., *Die Wandmalerei Pompejis,* Leipzig, 1929.

［11］德拉·柯尔特·M.：《庞贝的房子和住所》，罗马，1954 年。
Della Corte M., *Case e abitanti di Pompei,* Rome, 1954.

［12］戈蒂耶·Th.：《阿里亚·玛塞拉》，巴黎，1852 年。
Gautier Th., *Arria Marcella*, Paris, 1852.

［13］格坎·A.：《我从庞贝古城的地图上听来的》，柏林，1940 年。
Gerkan A., *von Der Stadtplan von Pompeji,* Berlin, 1940.

［14］格里马尔·P.：《在共和国末期和帝国前两个世纪的罗马花园：论罗马自然主义》，第3版，巴黎，1984年。

Grimal P.,*Les Jardins romains à la fin de la République et aux deux premiers siècles de l' Empire. Essai sur le naturalisme romain,* 3e éd. Paris, 1984.

［15］克莱伯格·T.：《古罗马时期的酒店、餐馆和歌舞表演》，乌普萨拉，1957年。

Kleberg T., *Hôtels, restaurants et cabarets dans l'Antiquité romaine*, Uppsala, 1957.

［16］马尤里·A.：《神秘别墅》，罗马，1931年。

Maiuri A., *La Villa dei Misteri*, Rome, 1931.

［17］《米兰德之家及其银器》，罗马，1933年。

la *Casa del Menandro e il suo tesoro di argenteria*, Rome, 1933.

［18］《庞贝》，巴黎，1938年。

Pompéi, Paris, 1938.

［19］《庞贝发掘200周年的研究报告》，那不勒斯，1950年。

Pompeiana, raccolta di studi per il secondo centenario degli scavi di Pompei, Naples, 1950.

［20］毛·A.、凯尔西·F. W.：《庞贝的生活与艺术》，纽约，1902年。

Mau A. et Kelsey F. W., *Pompei, its Life and Art*, New York, 1902.

［21］诺亚克·F.、莱曼-哈特勒本·K.：《庞贝城郊的建筑历史研究》，柏林，1936年。

Noack F. et Lehmann-Hartleben K., *Baugeschichtliche Untersuchungen am Stadtrand von Pompeji*, Berlin, 1936.

［22］奥诺拉托·G.O.：《庞贝人的剪影：荣誉、选举和公共生活》，佛罗伦萨，1957年。

Onorato G.O., *Inscriptiones pompeianae. Honores et munera. Iscrizione pompeiane. La vita publica*, Florence, 1957.

［23］谢尔盖延科·M. J.：《庞贝》，莫斯科 – 列宁格勒，1949年。

Sergejenko M. J., *Pompeji, Moscou-Leningrad*, 1949.

［24］斯皮纳佐拉·V.：《庞贝在丰足大街的新发掘成果（1910—1923年）》，罗马，1953年。

Spinazzola V., *Pompei alla luce degli scavi nuovi di via dell'Abbondanza (anni 1910-1923)*, Rome, 1953.

［25］泰德纳·A.：《庞贝，公共街道，私有路段》，巴黎，1928年。

Thédenat A., Pompéi, *vie publique, vie privée*, Paris, 1928.

［26］德兰·丹·晶·V.：《论庞贝的伊西斯崇拜》，巴黎，1964 年。

Tran Tam Tinh V., *Essai sur le culte d'Isis à Pompéi,* Paris, 1964.

［27］韦内宁·V.：《庞贝碑文上的粗俗拉丁语》，赫尔辛基，1937 年。

Väänänen V. , *Le Latin vulgaire des inscriptions pompéiennes*, Helsinki, 1937.

［28］范·布伦·A. W.：《庞贝与赫库兰尼姆的配套研究》，罗马，1933 年。

Van Buren A. W., *A Companion to the Study of Pompeii and Herculanum*, Rome, 1933.

［29］威廉斯·P.：《庞贝的市政选举》，巴黎，1887 年。

Willems P., *Les Elections municipales à Pompéi*, Paris, 1887.

［30］温特·F.、珀尼斯·E.：《庞贝的希腊艺术》，柏林 – 莱比锡 ,1925—1941 年。

Winter F. et Pernice E., *Die hellenistische Kunst in Pompeji,* Berlin-Leipzig, 1925-1941.

［31］安布罗西·A.、卡罗·S.：《庞贝的邀请：诺切拉门墓地的摄影和记录》，米兰，1983 年。

Ambrosio d' A. et Caro S., *Un impegno per Pompei: fotoplano e documentazione della necropoli di porta Nocera*, Milan, 1983.

［32］安德罗·J.：《尤肯图斯先生的生意》，罗马，1974 年。

Andreau J., *Les Affaires de Monsieur Jucundus,* Rome, 1974.

［33］卡斯特伦·P.：《庞贝在罗马时期的政治与社会》，罗马，1975 年。

Castren P., *Ordo Populusque pompeianus, Polity and Society in roman Pompeii*, Rome, 1975.

［34］达尔姆·J. H.：《那不勒斯湾的罗马人》，马萨诸塞州剑桥市，1970 年。

D' Arms J. H., *Romans on the Bay of Naples,* Cambridge, Mass., 1970.

［35］德怀尔·E. J.：《庞贝家庭雕像》，罗马，1982 年。

Dwyer E. J., *Pompeian Domestic Sculpture,* Rome, 1982.

［36］埃申巴赫·H.：《城市带给古代庞贝古城的发展》，海德堡，1970 年。

Eschenbach H., *Die städtebauliche Entwicklung des antiken Pompeji*, Heidelberg, 1970.

［37］《庞贝的主反应堆》，柏林，1979 年。

Die *Stabianer Thermen in Pompeji*, Berlin, 1979.

［38］艾蒂安·R.：《庞贝的日常生活》，巴黎，1966 年初版，1977 年第 2 版，1985 年第 3 版。

Etienne R., *La Vie quotidienne à Pompéi*, Paris, 1966, 2e éd. 1977, 3e éd. 1985.

［39］富兰克林·J. L.：《庞贝，选举程序、运动与政治》，71—79 页，罗马，1980 年。

Franklin J. L., *Pompeii. The electoral Programmata, Campaigns and Politics 71-79,* Rome, 1980.

［40］亚舍姆斯基·W. F.：《庞贝花园、赫库兰尼姆花园和被维苏威火山摧毁的别墅区》，华盛顿，1979 年。

Jashemski W. F., *The Gardens of Pompeii, Herculanum and the Villas destroyed by Vesuvius,* Washington, 1979.

［41］科克尔·V.：《赫尔曼面前的庞贝神庙》，马扬斯，1983 年。

Kockel V., *Die Grabbauten vor dem Herkulaner Tor in Pompeji,* Mayence, 1983.

［42］罗卡·E.、莫什·M. A.：《庞贝考古指南》，罗马，1976 年。

La Rocca E. et Mos M. A. de, *Guidà archeologica di Pompei,* Rome, 1976.

［43］萨巴蒂尼·莫莱西·P.：《角斗士贱民，庞贝的角斗士表演广告》，罗马，1980 年。

Sabbatini Tumolesi P., *Gladiatorum paria. Annunci di spettacoli gladiatorii a Pompei,* Rome, 1980.

［44］索龙·G.：《庞贝酒神壁画的性质与意义》，或于《碑文学院大全》第 151—174 页，巴黎，1984 年。

Sauron G. « Nature et signification de la mégalographie dionysiaque de Pompei », dans *Comptes rendus de l' Académie des inscriptions et belles-lettres*, pp.151-174, Paris, 1984.

［45］舍福尔德·K.：《论庞贝绘画及其意义的演变》，布鲁塞尔，1972 年。

Schefold K., *La Peinture pompéienne. Essai sur l' évolution de sa signification*, Bruxelles, 1972.

其他文件

［1］《庞贝地形册》，罗马，1977 年。

Corpus Topographicum Pompeianum, Rome, 1977.

［2］《维苏威火山掩埋地区的研究与展望》，国际会议记录，1979 年 11 月 11 日—15 日，那不勒斯，1982 年。

La Regione sotterata dal Vesuvio. Studi e prospettive, Atti del convegno internazionale, 11-15 novembre 1979, Naples, 1982.

［3］《埃尔科拉诺和庞贝早期的家庭用具》，罗马，1977 年。

L' Instrumentum domesticum di Ercolano e Pomei nelle rima età imeriale，Rome 1977.

［4］《公元 79 年维苏威火山爆发掩埋城市的另一项研究》，雷克灵豪森，1975 年。

Neue Forschungen in Pompeji und den anderen vom Vesuvausbruch 79 n. Chr. verschütten Städten, Recklinghausen, 1975.

［5］福斯托・泽维：《庞贝 79 年，维苏威火山爆发一百周年研究词典》，那不勒斯，1979 年。

Pompei 79, Raccoltà di studi per il decimonono centenario dell' eruzione vesuviana, a cura di Fausto Zevi, Naples, 1979.

［6］《庞贝相关文件（1748—1980 年）》，罗马，1981 年。

Pompei 1748-1980. I tempi della documentazione, Rome, 1981.

［7］《庞贝，19 世纪法国建筑师的作品和旅行》，巴黎 – 那不勒斯，1981 年。

Pompéi. Travaux et envois des architectes français au XIXe siècle, Paris-Naples, 1981.

插图目录

第三章

第五章

第七章

资料与文献

索引

图片版权

文化篇

《卢浮宫：艺术回忆录》
《乔治·蓬皮杜艺术中心：被误解的博堡年代》
《文字：人类文明的记忆》

历史篇

《玛雅：失落的文明》
《庞贝：被埋没的城市》
《美索不达米亚：文明的诞生》
《印加：太阳的子民》
《阿兹特克：破碎的帝国命运》
《古埃及：被遗忘的文明古国》
《伊特鲁里亚：一个神秘的时代》

科学篇

《爱因斯坦：思想的快乐》
《玛丽·居里：科学的信仰》
《弗洛伊德：疯狂中的真理》
《达尔文：进化的密码》
《伽利略：星星的使者》
《宇宙的命运：大爆炸之后》

文学篇

《普鲁斯特：时间的殿堂》
《波伏瓦：书写的自由》
《托尔斯泰：伟大而孤独的文学巨匠》

艺术篇

《莫扎特：众神所爱》
《罗丹：天才之手》
《贝多芬：音乐的力量》
《毕加索：天才与疯子》
《达达主义：艺术的反抗》